# Wirtschaft heute

## Schülerarbeitsheft

von

Dr. Bernd Crone
Reiner Kühn
Martin Lay

Dr. Felix Büchner · Handwerk und Technik · Hamburg

## VORWORT

Das Arbeitsheft erarbeitet, ergänzt und vertieft alle Kapitel des Lehrbuchs „Wirtschaft heute".

Um das Heft abwechslungsreich für Schüler und Lehrer zu gestalten, werden unterschiedliche methodisch-didaktische Vorgehensweisen für verschiedene Themen gewählt.

Die Schüler sollen

- völlig **selbstständig** oder in **Kleingruppen** arbeiten (z. B. Zahlungsverkehr),
- die **vorgegebenen Strukturen** überwiegend mit der Hilfestellung des Lehrers erlernen (z. B. Grundlagen des Vertragsrechts),
- durch die parallele Beschäftigung mit dem entsprechenden Kapitel im **Lehrbuch „Wirtschaft heute"** die Aufgaben selbstständig lösen (z. B. Arbeitsrecht),
- mithilfe von **Berechnungen** Erkenntnisse ableiten (z. B. Kosten, Erlöse, Gewinne),
- durch die Interpretation von **Schaubildern** Zusammenhänge erkennen (z. B. Europäische Union),
- mit dem Ausfüllen von **Tabellen** in strukturierter Weise zum Erkenntnisziel geführt werden (z. B. Einkommen- und Lohnsteuerberechnungen),
- durch die Bearbeitung von **Fällen** und **Beispielen** angeregt werden, sich mit aktuellen Themen aus dem Wirtschaftsleben auseinanderzusetzen und diese evtl. als Diskussion in den Unterricht zu tragen (z. B. Verbraucherschutz).

Zu diversen Themen werden Ankreuz- und Zuordnungsaufgaben gestellt, wie sie in den Gesellenprüfungen üblich sind. Sie bieten damit eine wichtige Orientierungshilfe für jeden Schüler.

Die vorliegende Auflage wurde umfassend aktualisiert. Aktuelle Grafiken und zeitgemäße Illustrationen lockern die Inhalte auf und veranschaulichen wichtige Sachverhalte.

Autoren und Verlag

ISBN 978-3-582-78271-7
Best.-Nr. 4972
Arbeitsheft – 15. Auflage

ISBN 978-3-582-95701-6
Best.-Nr. 49722
E-Book mit Lösungen – XIX/15. Auflage



Verlag Dr. Felix Büchner GmbH & Co. KG – Handwerk und Technik GmbH,
Lademannbogen 135, 22339 Hamburg; Postfach 63 05 00, 22331 Hamburg – 2024
E-Mail: info@handwerk-technik.de – Internet: www.handwerk-technik.de

Satz und Layout: Roman Bold & Black, 50672 Köln
Umschlagmotiv: Motiv (Colourbox, Odense N, Dänemark), Idee (Harro Wolter, 20253 Hamburg),
Umsetzung (Handwerk und Technik GmbH)
Druck: Himmer GmbH Druckerei & Verlag, 86167 Augsburg

# INHALTSVERZEICHNIS

## Formen der Berufsausbildung

**1** Ausbilder und Auszubildende sind nicht immer einer Meinung. Diskutieren Sie die Aussagen der folgenden Illustrationen, indem Sie unter den Bildern zunächst einige Stichworte zu den dargestellten Positionen notieren.

Aussage 1

Aussage 2

..........

..........

..........

..........

..........

**2** Welche rechtlichen Bestimmungen bilden die Grundlage für die gesamte Berufsausbildung?

..........

..........

**3** Damit die Berufsausbildung richtig durchgeführt wird, wird sie von der „zuständigen Stelle“ überwacht. Welche Stelle ist für Sie zuständig?

..........

..........

**4** Welche Aufgaben übernimmt diese „zuständige Stelle“?

..........

..........

..........

..........

**5** In der Bundesrepublik Deutschland gilt das duale Ausbildungssystem.

a) Was bedeutet duale Ausbildung?

b) Welche Aufgaben haben Ausbildungsbetriebe und Berufsschule?

- Ausbildungsbetrieb:
- Berufsschule:

c) Welche Vor- und Nachteile hat das duale System im Vergleich zu einer rein schulischen bzw. rein betrieblichen Ausbildung?

- Vorteile:
- Nachteile:

**6** Der Wandel der Arbeitswelt verändert die Qualitätsanforderungen an die Beschäftigten. Wie reagieren Deutschland und die EU auf diese Erfordernisse?

- Deutschland:
- EU:

**7** Markieren Sie die (waagerecht und senkrecht) versteckten zwölf Begriffe bzw. Abkürzungen.

| | | | | | | | | | | | | | | | | | | | | |
|---|---|---|---|---|---|---|---|---|---|---|---|---|---|---|---|---|---|---|---|---|
| D | Z | V | Y | K | R | S | M | N | W | Y | A | R | N | O | F | U | E | B | E | L |
| I | F | F | E | N | C | H | U | N | G | B | I | L | D | U | N | G | I | B | H | H |
| S | L | E | H | R | P | L | A | E | N | E | A | S | T | O | M | E | B | I | G | A |
| O | E | M | E | H | R | W | Q | O | L | T | U | N | K | O | L | L | E | G | E | N |
| R | I | I | W | I | N | D | U | S | T | R | I | E | A | L | E | R | T | E | P | D |
| M | S | L | E | U | M | I | L | L | X | I | V | P | E | N | A | U | Z | G | A | W |
| A | S | A | R | O | O | M | A | P | B | E | R | U | F | S | S | C | H | U | L | E |
| B | E | S | M | E | R | A | L | D | I | B | R | A | E | G | E | R | W | E | H | R |
| T | K | D | U | A | L | E | S | S | Y | S | T | E | M | U | N | A | K | I | H | K |

## Berufsausbildungsvertrag im dualen System

**1** Übertragen Sie die Inhalte der angegebenen Nummern von § 11 BBiG in die Tabelle und erarbeiten Sie entsprechende Antworten für Ihren Ausbildungsvertrag.

| Nr. | Inhalte des § 11 BBiG | Was steht in Ihrem Vertrag? |
|---|---|---|
| 2 | | |
| 3 | | |
| 4 | | |
| 5 | | |
| 6 | | |
| 7+8 | | |
| 9 | | |
| 10 | | |
| 11 | | |

**2** Lesen Sie die §§ 13–17 BBiG und nennen Sie in Stichworten je Tabellenspalte acht Beispiele.

| Nr. | Pflichten des Auszubildenden = Rechte des Ausbildenden | Rechte des Auszubildenden = Pflichten des Ausbildenden |
|---|---|---|
| 1 | | |
| 2 | | |
| 3 | | |
| 4 | | |
| 5 | | |
| 6 | | |
| 7 | | |
| 8 | | |

**3** Wie kann der Auszubildende und wie der Ausbildende das Ausbildungsverhältnis beenden?

| | | |
|---|---|---|
| Auszubildender | 1 | |
| | 2 | |
| | 3 | |
| | 4 | |
| Ausbildender | 1 | |
| | 2 | |

**4** ANKREUZTEST: Kreuzen Sie die richtigen Antworten an. Die Buchstaben der angekreuzten Felder ergeben ein Lösungswort zum Thema.

| | Stimmt | Stimmt nicht |
|---|---|---|
| a) Der 17-jährige Marcus schließt einen Ausbildungsvertrag für eine Tischler-Ausbildung bei der Tischlerei Weber ab. | | |
| 1. Der Ausbildungsvertrag muss vor Beginn der Ausbildung abgeschlossen werden. | Ⓟ | Ⓓ |
| 2. Marcus kann ihn mündlich mit der Handwerkskammer abschließen. | Ⓨ | Ⓕ |
| 3. Marcus kann seinen Ausbildungsvertrag ganz allein ohne Zustimmung der Eltern gültig unterschreiben. | Ⓚ | Ⓛ |
| 4. Marcus muss mit dem Abschluss des Ausbildungsvertrags warten, bis die Probezeit vorüber ist. | Ⓛ | Ⓘ |
| 5. Die Niederschrift des Ausbildungsvertrags muss nicht nur die Unterschriften des Ausbildenden und von Marcus' Eltern, sondern auch Marcus' eigene Unterschrift tragen. | Ⓒ | Ⓢ |
| 6. Auch die Berufsschule muss die Zustimmung zur Ausbildung geben. | Ⓥ | Ⓗ |

| | Berechtigte Forderung | Unberechtigte Forderung |
|---|---|---|
| b) Marcus hat Rechte und Pflichten. Manchmal zweifelt er, ob der Chef mit seinen Forderungen und Anweisungen immer im Rahmen des Gesetzes liegt. | | |
| 1. Der Chef verlangt von Marcus, ihm jeden Freitag zum Feierabend das fortgeführte Berichtsheft vorzulegen. | Ⓣ | ⓪ |
| 2. Der Chef teilt Marcus mit, dass er für die Dauer der Schulblöcke/Schultage keine Ausbildungsvergütung bekommt, weil er dann nicht für die Tischlerei arbeitet. | Ⓖ | Ⓔ |
| 3. Am Ende der Ausbildung verlangt Marcus ein Zeugnis, obwohl er von der Tischlerei als Geselle übernommen wird. | Ⓝ | Ⓐ |

**Lösungswort:**

| | | | | | | | | |
|---|---|---|---|---|---|---|---|---|
| | | | | | | | | |

## Lebenslanges Lernen – Ausbildung erweitern

**1** a) Auf welche drei Bereiche bezieht sich das sogenannte lebenslange Lernen?

lebenslanges Lernen

.................... .................... ....................

b) Geben Sie Beispiele für die drei Bereiche an:

.................... .................... ....................

**2** Unterscheiden Sie formales und informelles Lernen und tragen Sie ein, welche Art des Lernens im Folgenden beschrieben wird:

a) Wenn Sie mit Freunden und Bekannten Snowboard fahren lernen, so nennt man das .................... Lernen, weil diese Fertigkeit völlig selbstgesteuert durch aktives Informieren erworben wird.

b) Belegen Sie hingegen einen Snowboardkurs bei einer Skischule so handelt es sich um .................... Lernen, weil Ihnen Vorgaben bezüglich Beginn, Ablauf, Übungsschritten etc. gemacht werden, Sie also beim Wissenserwerb eher fremdgesteuert sind.

**3** Der Staat will jedem dazu verhelfen, dass er die Ausbildung absolvieren kann, die seinen Neigungen, Fähigkeiten und Wünschen entspricht. Welche Fördermaßnahmen bietet der Staat an?

| Zeitpunkt der Förderung | Anspruch aus welchem Gesetz? | wo beantragen? |
|---|---|---|
| während der Schulzeit/Studium | | |
| während der Ausbildung | | |
| berufsbegleitend (oder in Vollzeit) | | |

**4** Füllen Sie den Lückentext zu den beruflichen Bildungswegen mit den unten aufgeführten Begriffen aus:

Wer neben seinem bereits erlangten beruflichen Wissen weitere zusätzliche .................................. erlernt, die nichts, oder nicht direkt etwas mit seinem bisherigen beruflichen .................................. zu tun haben (z. B. Sprachkurs für Unternehmer), der macht eine .................................. .
Bauen die neu zu erwerbenden Kenntnisse dagegen auf bisherigem beruflichen .................................. auf und erweitern dieses (z. B. Kurse für die Meisterprüfung, CNC-Bedienung für Maschinen) wird das .................................. genannt.
Erwirbt jemand Kenntnisse und Fähigkeiten, um einen völlig anderen als den bisherigen .................................. zu ergreifen, so macht diese Person eine .................................. .

| Wissen – Umschulung – Fortbildung – Tätigkeitsbereich – Beruf – Fertigkeiten – Weiterbildung |
|---|

**5** a) Nennen Sie mögliche Gründe für eine berufliche Fortbildung, Weiterbildung oder Umschulung.
b) Nennen Sie jeweils Beispiele für die einzelnen Bildungswege.

| | Fortbildung | Weiterbildung | Umschulung |
|---|---|---|---|
| Gründe | | | |
| Beispiele | | | |

## Schlüsselqualifikationen

Die Anforderungen der Wirtschaft an den Schulabgänger haben sich in den letzten Jahren deutlich verändert. In den Unternehmen werden im Zuge des an Tempo gewinnenden Strukturwandels andere Qualifikationsanforderungen an neue und bestehende Arbeitsplätze gestellt. Die Rahmenbedingungen des Strukturwandels in der Wirtschaft lassen sich beschreiben durch globalen Wettbewerb, internationale Wirtschaftsverflechtungen, veränderte Unternehmensstrategien und Unternehmensorganisationen, neue Technologien und ökologische Herausforderungen.
Beispielhaft werden in der folgenden Tabelle einige wichtige Schlüsselqualifikationen genannt.

a) Versuchen Sie, die genannten Schlagworte für Ihren Beruf zu umschreiben.
b) Kreuzen Sie Ihre drei stärksten und schwächsten Eigenschaften an.

| | Schlüsselqualifikation | Beschreibung | Schwächen | Stärken |
|---|---|---|---|---|
| 1 | Toleranz | | | |
| 2 | Teamfähigkeit | | | |
| 3 | Basiskenntnisse unserer Kultur | | | |
| 4 | Lern- und Leistungsbereitschaft | | | |
| 5 | Gewissenhaftigkeit | | | |
| 6 | Selbstständigkeit | | | |
| 7 | Durchhaltevermögen | | | |
| 8 | Flexibilität | | | |
| 9 | Grundkenntnisse wirtschaftlicher Zusammenhänge | | | |
| 10 | grundlegende Sprachbeherrschung | | | |

# Schutzvorschriften am betrieblichen Arbeitsplatz

## Arbeitsschutz

Weil Beschäftigte die Gefahren im Betrieb oft nicht abschätzen können, ist der gesetzliche Arbeitsschutz notwendig. Ansonsten wäre die Zahl der Arbeitsunfälle deutlich höher.

a) Was versteht man unter technischem Arbeitsschutz?

b) Nennen Sie mindestens fünf bedeutsame rechtliche Vorschriften des technischen Arbeitsschutzes.

c) Wer arbeitet, benötigt auch Erholung. Außerdem müssen bestimmte Personengruppen besonders vor Überarbeitung geschützt werden. Ergänzen Sie im Schaubild unten die Gesetze, die im Einzelnen beim sozialen Arbeitsschutz gelten:

**sozialer Arbeitsschutz**

allgemeine Schutzvorschriften
(gelten für alle Arbeitnehmer)

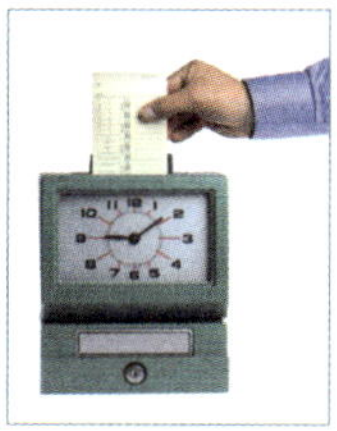

besondere Schutzvorschriften
(gelten für bestimmte Personengruppen)

### Jugendarbeitsschutz nicht beachtet

**Stuttgart** In fast jedem 10. von insgesamt 4.000 kontrollierten Betrieben in Baden-Württemberg sind Jugendliche festgestellt worden, die ohne die vom Jugendarbeitsschutz vorgesehenen ärztlichen Untersuchungen beschäftigt waren. In 4,5 Prozent der untersuchten Betriebe wurde die Schicht- und Arbeitszeit nicht eingehalten.
Diese Ergebnisse der Kontrollen der Gewerbeaufsichtsämter teilte der Staatssekretär im Sozialministerium in Stuttgart mit. Bei den vorgenommenen Schwerpunktrevisionen wurden neben mündlichen und schriftlichen Beanstandungen etwa 400 förmliche und schriftliche Verwarnungen ausgesprochen und etwa 230 Bußgeldverfahren eingeleitet.

*(aus der Tagespresse)*

**1** Lesen Sie die §§ 2 und 5 JArbSchG. Dort steht (in Kurzform):

.....................................................................................................

.....................................................................................................

Ausnahmen:

.....................................................................................................

.....................................................................................................

**2** Betrachten und beurteilen Sie die folgenden Fallbeispiele im Hinblick auf die Regelungen des Jugendarbeitsschutzgesetzes.

a) Ein 15-Jähriger muss in einer Schreinerei täglich stundenlang schwere Spanplatten zu den Maschinen schleppen. Lesen Sie § 22 (1) Nr. 1 JArbSchG. Dort steht (in Kurzform):

.....................................................................................................

Lösung des Falles (eine Antwort ist richtig):

- ◯ Die Arbeit ist erlaubt.
- ◯ Die Arbeit ist generell verboten.
- ◯ Die Arbeit ist nur zeitweise erlaubt.

b) In einem Betrieb ist für alle Auszubildenden wie folgt festgelegt:

1. Arbeitsbeginn: 7:00 Uhr bis Arbeitsende: 16:00 Uhr
2. Frühstückspause: 9:00 Uhr bis 9:10 Uhr
3. Mittagspause: 12:00 Uhr bis 12:30 Uhr

Lesen Sie § 14 (1) und § 11 (1) JArbSchG. Dort steht (in Kurzform):

.....................................................................................................

.....................................................................................................

.....................................................................................................

Lösung der Fälle (jeweils eine Antwort ist richtig):

| 1. Beschäftigungszeit | 2. Frühstückspause | 3. Ruhepause insgesamt |
|---|---|---|
| ◯ ist erlaubt. | ◯ ist erlaubt. | ◯ ist erlaubt. |
| ◯ ist zu lang. | ◯ ist zu lang. | ◯ ist zu lang. |
| ◯ beginnt zu früh. | ◯ ist zu kurz. | ◯ ist zu kurz. |

(Fortsetzung der Aufgabe auf S. 14)

c) Die Auszubildende Lena ist am 15.01.2007 geboren. Für 2024 verlangt sie 30 Werktage Urlaub. Ihr Gesuch wird abgelehnt. Zu Recht?
Lesen Sie § 19 (1) und (2) JArbSchG. Dort steht (in Kurzform):

........................................................................................................................................................

........................................................................................................................................................

........................................................................................................................................................

Lösung des Falles: Urlaubsgesuch (eine Antwort ist richtig):

◯ besteht zu Recht.
◯ ist zu lang.
◯ Sie kann mehr Urlaub beanspruchen.

d) Ein Betrieb beginnt um 7:00 Uhr mit der Arbeit. Der 16-jährige Aaron hat um 8:40 Uhr Berufsschulbeginn. Der Ausbilder wünscht, dass Aaron von 7:00 bis 8:30 Uhr im Betrieb arbeitet.
Lesen Sie § 9 (1) Nr. 1 JArbSchG. Dort steht (in Kurzform):

........................................................................................................................................................

........................................................................................................................................................

........................................................................................................................................................

Lösung des Falles: Arbeiten vor der Schule (eine Antwort ist richtig):

◯ ist niemals erlaubt.
◯ ist nur erlaubt, wenn ganz dringende Arbeit anfällt.
◯ ist nicht erlaubt, wenn die Schule vor 9:00 Uhr beginnt.

e) Der 17-jährige Auszubildende Florian hat einmal wöchentlich von 7:30 bis 14:00 Uhr Berufsschulunterricht. Sein Ausbilder verlangt von ihm, ab 15:00 Uhr bis Feierabend im Betrieb zu arbeiten.
Lesen Sie § 9 (1) Nr. 2 JArbSchG. Dort steht (in Kurzform):

........................................................................................................................................................

........................................................................................................................................................

........................................................................................................................................................

Lösung des Falles: Die Forderung (eine Antwort ist richtig):

◯ ist berechtigt.
◯ ist unberechtigt.
◯ ist nur berechtigt, weil Florian volljährig ist.

f) Die 17-jährige Auszubildende Ayla verlangt von ihrer Chefin einen beschäftigungsfreien Tag vor dem Tag ihrer schriftlichen Abschlussprüfung. Zu Recht?
Lesen Sie § 10 (1) Nr. 2 JArbSchG. Dort steht (in Kurzform):

........................................................................................................................................................

........................................................................................................................................................

Lösung des Falles: Die Forderung (eine Antwort ist richtig):

◯ ist berechtigt.
◯ ist unberechtigt.
◯ ist nur mit Zustimmung der Chefin berechtigt.

## Einzelarbeitsvertrag

**1** Der Auszubildende Till Schneider hat seine Gesellenprüfung mit Erfolg bestanden. Der Ausbildungsbetrieb Wunder & Co. bietet ihm eine Stelle als Geselle an. Es wird ein Arbeitsvertrag (= Dienstvertrag) zwischen Schneider (= Arbeitnehmer) und Wunder (= Arbeitgeber) abgeschlossen.

a) Welche wesentlichen Unterschiede bestehen zwischen dem Ausbildungsvertrag und dem Arbeitsvertrag?

| | Ausbildungsvertrag | Arbeitsvertrag |
|---|---|---|
| Vertragszweck | | |
| Befristung | | |
| Probezeit | | |
| Arbeitsinhalt | | |

b) Welche Inhalte sollte ein Arbeitsvertrag haben?

c) Arbeitnehmer und Arbeitgeber übernehmen bestimmte Pflichten. Erklären Sie diese und ordnen Sie diese dem Arbeitgeber (AG) oder Arbeitnehmer (AN) zu.

| Pflichten | Erklärungen | AG/AN |
|---|---|---|
| Arbeitspflicht | | |
| Fürsorgepflicht | | |
| Weisungsgebundenheit | | |
| Treuepflicht | | |
| Lohnzahlungspflicht | | |
| Beschäftigungspflicht | | |

**2** Gegen welche Pflichten wird in den folgenden Fällen verstoßen?

| Fall | Pflichten |
|---|---|
| Die angestellte Friseurin A. lässt sich von ihrer Zwillingsschwester (Friseurmeisterin) vertreten. | |
| Arbeitgeber B. ist in Zahlungsschwierigkeiten. Deshalb zahlt er keine Sozialversicherungsbeiträge. | |
| Meister C. spricht mit seinem Fußballfreund über die Gewinne seines Chefs. | |
| Arbeitnehmer D. kommt morgens in den Betrieb. Leider ist keine Arbeit für ihn da. | |
| Der Chef verpflichtet Arbeitnehmer E., den Hof zu fegen. E. weigert sich. | |

**3** Nehmen Sie zu folgenden Fällen Stellung:

a) Meister Nierlich kündigt am 20. Februar seine Stellung. Wann darf er frühestens gehen, wenn er nichts Besonderes vereinbart hat?

b) Arbeitnehmer Klein, 60 Jahre, 5 Kinder, hat in einer Auseinandersetzung den Chef schwer beleidigt. Der Chef kündigt ihm fristlos. Zu Recht?

c) Arbeitnehmer Fröhlich wird aus betrieblichen Gründen entlassen. Der Betriebsrat wird vorher schriftlich verständigt. Er lässt nichts von sich hören. Ist die Kündigung gültig? (Begründung)

**4** Gem. § 1 KSchG müssen Kündigungen sozial gerechtfertigt sein. Was heißt das?

**5** Nennen Sie sechs Personengruppen, die einen besonderen Kündigungsschutz genießen:

**6** Warum kann ein Auszubildender nach der Probezeit nicht ordentlich gekündigt werden?

a) Beurteilen Sie das folgende Kündigungsschreiben und nennen Sie die Fehler, die darin gemacht wurden.

Möbelwerk Möller GmbH
Bergstraße 25 • 12345 Neustadt

Möbelwerk Möller GmbH • Bergstraße 25 • 12345 Neustadt

Herrn
Philipp Grau
Bergstraße 5
12345 Neustadt

Neustadt, den 15. Juli 20XX

**Kündigung**

Sehr geehrter Herr Grau,

wir bedauern, Ihnen hiermit nach reiflicher Überlegung das Arbeitsverhältnis zum 1. August dieses Jahres kündigen zu müssen, wenn Sie nicht umgehend die erforderliche Pünktlichkeit einhalten. Die Gründe liegen, wie Sie aus unserer Aussprache vom 23. Juni dieses Jahres wissen, ausschließlich in Ihrem Verhalten.

Mit freundlichen Grüßen

Hausmann

Hausmann, Geschäftsführer

b) Könnte der Arbeitgeber Herrn Grau auch mündlich kündigen?

## Arbeitszeugnis

**1** Herr Roth, ebenfalls im Möbelwerk Möller in der Verwaltung beschäftigt, hat selbst gekündigt. Die Firma war mit allen seinen Leistungen sehr zufrieden und schreibt ihm folgendes Zeugnis:

Möbelwerk Möller GmbH
Bergstraße 25 • 12345 Neustadt

Neustadt, den 28. April 20XX

**Zeugnis**

Herr Matthias Roth, geb. am 15. März 19XX, war bis zum 30. April 20XX in unserem Unternehmen beschäftigt. ❶

Herr Roth hat folgende Aufgaben in unserer Verkaufsabteilung ausgeübt: Angebotserstellung, Auftragsbearbeitung und -abwicklung. Er bearbeitete außerdem alle Reklamationen und Gewährleistungsfragen. ❷

Herr Roth zeigte gute Fachkenntnisse. ❸ Er bemühte sich, den zeitweise starken Arbeitsanfall zu bewältigen ❹ und arbeitete stets zuverlässig, äußerst genau und verantwortungsbewusst. ❺ Er beherrschte seinen Arbeitsbereich ❻ und bewältigte im Wesentlichen seine Aufgaben. ❼

Sein persönliches Verhalten gegenüber Vorgesetzten und Kunden war einwandfrei. ❽ Wir lernten in ihm einen umgänglichen Kollegen kennen. ❾

Wir bedauern, einen tüchtigen Mitarbeiter zu verlieren. ❿ Herr Roth verlässt uns auf eigenen Wunsch. ⓫ Wir wünschen ihm für die Zukunft alles Gute. ⓬

Möbelwerk Möller GmbH

Kümmerle

Kümmerle, Arbeitsvorbereitung ⓭

Überprüfen Sie, ob das Zeugnis richtig formuliert wurde, unter der Voraussetzung, dass man mit allen Leistungen Roths sehr zufrieden war. Beziehen Sie sich dabei auf die Ziffern ❶ bis ⓭ .

..............................................................................................................................................

..............................................................................................................................................

..............................................................................................................................................

..............................................................................................................................................

..............................................................................................................................................

..............................................................................................................................................

..............................................................................................................................................

..............................................................................................................................................

..............................................................................................................................................

..............................................................................................................................................

..............................................................................................................................................

..............................................................................................................................................

**2** Kreuzen Sie in der Tabelle an, ob die Zeugnisaussagen sehr gut, gut, befriedigend oder nicht befriedigend bedeuten.

| Geheimsprache im Arbeitszeugnis | entspricht den Anforderungen | | | |
|---|---|---|---|---|
| Der Arbeitnehmer bzw. die Arbeitnehmerin | sehr gut | gut | befriedi-gend | nicht befriedi-gend |
| ... hat die übertragenen Arbeiten zur vollen Zufriedenheit erledigt. | | | | |
| ... hat die ihm/ihr übertragenen Arbeiten stets zu unserer vollen Zufriedenheit erledigt. | | | | |
| ... zeigte ein vorbildliches Verhalten zu Mitarbeitern und Vorgesetzten (Achtung: Mitarbeiter stehen vor Vorgesetzten!) | | | | |
| Das Verhalten zu Vorgesetzten und Mitarbeitern war vorbildlich. (Achtung: Vorgesetzter steht vor Mitarbeiter!) | | | | |
| ... verfügte über Fachwissen und setzte es ein. | | | | |
| ... verfügte über ein abgesichertes, erprobtes Fachwissen und löste durch dessen sichere Anwendung auch schwierige Aufgaben. | | | | |
| ... besitzt ein hervorragendes, jederzeit verfügbares Fachwissen und löst selbst schwierigste Aufgaben. | | | | |
| ... verfügte über das erforderliche Fachwissen und setzte es erfolgversprechend ein. | | | | |
| ... hatte immer wieder ausgezeichnete Ideen, gab wertvolle Anregungen; ergriff selbstständig alle erforderlichen Maßnahmen und führte diese entschlossen durch. | | | | |
| ... gab gelegentlich eigene Anregungen; übernahm die übertragenen Aufgaben und führte sie aus. | | | | |

**3** Worin besteht der Unterschied zwischen einem einfachen und einem qualifizierten Zeugnis?

| Merkmale eines einfachen Zeugnisses | Merkmale eines qualifizierten Zeugnisses |
|---|---|
| ............ | ............ |
| ............ | ............ |
| ............ | ............ |
| ............ | ............ |
| ............ | ............ |
| ............ | ............ |
| ............ | ............ |
| ............ | ............ |

**4** Daniel arbeitete zunächst drei Jahre bei der Firma Karlmann, dann wechselte er zur Firma Fuchs, wo er mittlerweile seit zwei Jahren arbeitet und nun innerhalb der Firma die Abteilung gewechselt hat. Er bekommt ein Zwischenzeugnis von seinem Chef und hat dazu viele Fragen.
Wie sind diese arbeitsrechtlich zu beantworten?

a) „Ich wechsle innerhalb der Firma die Abteilung. Ist es nötig, dass ich mir ein Zwischenzeugnis ausstellen lasse?"

b) „Habe ich Anspruch auf ein Zeugnis bei Beendigung meines Arbeitsverhältnisses? Wozu dient es?"

c) „Was kann ich tun, wenn ich mit dem Inhalt des Arbeitszeugnisses nicht einverstanden bin?"

d) „Kann ich die gewünschten Änderungen auch selbst vornehmen?"

e) „Bei der Firma Karlmann habe ich kein Zeugnis bekommen. Kann ich jetzt noch ein Arbeitszeugnis verlangen?"

f) „Reicht ein mündliches Arbeitszeugnis ebenfalls aus?"

**1** Kreuzen Sie an der richtigen Stelle an.

| Kündigungsgründe sind... | ... in der Person begründet | ... im Verhalten begründet | ... betriebliche Erfordernisse | ... rechtlich nicht haltbar |
|---|---|---|---|---|
| lang anhaltende Krankheit | | | | |
| grundloses Verlassen des Arbeitsplatzes | | | | |
| mangelnde Aufträge | | | | |
| dauerhafte Verweigerung von Überstunden | | | | |
| mangelnde Einsatzfähigkeit | | | | |
| Unpünktlichkeit | | | | |
| Rationalisierung | | | | |
| neuer Chef | | | | |
| Störung des Betriebsfriedens | | | | |

**2** Unter welchen Voraussetzungen ist ein Arbeitnehmer vom Kündigungsschutz ausgeschlossen?

..........

..........

..........

**3** Mit welcher Begründung bekommen folgende Personengruppen einen besonderen Kündigungsschutz?

- Betriebsratsmitglieder: ..........

..........

- Schwangere Frauen und Frauen nach der Entbindung: ..........

..........

- Langjährige Mitarbeiter: ..........

..........

**4** Wie sind die folgenden Fälle zu lösen?

a) Deniz ist Konditor und wird am 15. Juni 18 Jahre alt. Ab dem 1. Juli will Deniz, der Mitglied der Gewerkschaft NGG ist, in Urlaub fahren. Er plant 25 Werktage Urlaub ein. Konditormeister Traub zeigt Deniz den gültigen Tarifvertrag, in dem 20 Werktage Urlaub vorgesehen sind.
Wie viel Urlaub steht Deniz zu?

..........

..........

..........

(Fortsetzung der Aufgabe auf S. 22)

b) Das Ehepaar Inga und Sebastian Müller hat Nachwuchs bekommen. Sebastian arbeitet als Monteur, Inga ist nicht berufstätig. Trotzdem beantragt Sebastian Elternzeit. Zu Recht?

..................................................................................................................

..................................................................................................................

..................................................................................................................

c) Tobias Hilf ist seit 15 Jahren als Dreher im Betrieb Ebbinhaus beschäftigt. Hilf ist 32 Jahre alt, hat zwei unterhaltsbedürftige Kinder und ist seit zehn Jahren verheiratet. Seine Frau arbeitet nicht. Marco Ruf arbeitet ebenfalls dort, aber erst seit neun Jahren. Er ist 28 Jahre alt und hat drei unterhaltspflichtige Kinder. Seine Frau geht einer geringfügigen Tätigkeit nach.
Hilf wird aus betrieblichen Erfordernissen gekündigt, da Ruf bessere Leistungen erbringt.
Ist diese Kündigung sozial gerechtfertigt?

..................................................................................................................

..................................................................................................................

..................................................................................................................

d) Dekorationsnäherin Aishe Bilgin ist seit Abschluss ihrer Lehre mit 18 Jahren beim Raumausstatter Klingberg beschäftigt. Frau Bilgin ist jetzt 50 Jahre alt. Ihr wird aus betriebsbedingten Gründen ordentlich mit einer 4-Wochen-Frist zum 15. des Folgemonats gekündigt. Zu Recht?

..................................................................................................................

..................................................................................................................

..................................................................................................................

..................................................................................................................

**5** ANKREUZTEST (jeweils eine Antwort ist richtig):

a) In welcher Form muss ein Arbeitsvertrag mindestens abgeschlossen werden?

- ◯ schriftlich, aufgrund des Nachweisgesetzes
- ◯ mündlich
- ◯ auch bei 18-Jährigen mit Zustimmung der Eltern
- ◯ vor der Handwerkskammer
- ◯ mündlich plus Niederschrift aufgrund Nachweisgesetz

b) Welche der folgenden Pflichten gehört nicht zu den Pflichten des Arbeitgebers?

- ◯ Treuepflicht
- ◯ Lohnzahlungspflicht
- ◯ Beschäftigungspflicht
- ◯ Pflicht auf Zahlung der Sozialversicherungsbeiträge
- ◯ Pflicht zur Ausstellung eines Zeugnisses bei Ausscheiden aus der Firma

c) Eine ordentliche Kündigung ist grundsätzlich zulässig bei

- ◯ Jugend- und Auszubildendenvertretern
- ◯ Schwangeren
- ◯ Mitgliedern des Betriebsrates
- ◯ langjährigen Mitarbeitern
- ◯ Auszubildenden

d) Eine fristlose Kündigung ist möglich bei

- ◯ Unpünktlichkeit
- ◯ schwerem Diebstahl
- ◯ Verweigerung von Überstunden
- ◯ Unterlassen von Krankmeldung
- ◯ wiederholter Krankheit

## Arbeitsgericht

**1** a) Wofür ist das Arbeitsgericht zuständig?
= sachliche Zuständigkeit

b) Von wem darf man sich im Prozess in der ersten Instanz vertreten lassen?
= Prozessvertretung durch

c) Welches Arbeitsgericht ist zuständig?
= örtliche Zuständigkeit

d) Wer darf das Arbeitsgericht anrufen?
= Parteifähigkeit

**2** Wie muss eine Klage aussehen? Notieren Sie in der rechten Spalte die allgemeinen Inhalte in Stichwörtern.

| Beispiel für eine Klage | allgemeine Inhalte |
|---|---|
| An das Arbeitsgericht Frankfurt | |
| In Sachen<br>des am 05. Sept. 20XX geborenen minderjährigen Auszubildenden Timo Schneider,<br>gesetzlich vertreten durch seine Eltern Anton Schneider und Birgit Schneider (geb. Becker),<br>60589 Frankfurt, Hauptstraße 4, | Kläger: |
| gegen<br>den Kaufmann Otto Barth,<br>61234 Frankfurt, Neustraße 5, | Beklagter: |
| erhebe ich Klage und beantrage zu erkennen:<br>I. Es wird festgestellt, dass das Arbeitsverhältnis der Parteien durch die am 31. April 20XX ausgesprochene fristlose Kündigung des Beklagten nicht aufgelöst worden ist.<br>II. Der Beklagte wird verurteilt, an den Kläger 900,00 € nebst Zinsen i. H. v. 5 Prozentpunkten über dem Basiszinssatz seit Klageerhebung zu zahlen.<br>III. Der Beklagte trägt die Kosten des Rechtsstreits. | Klage: |

# 4 Mitbestimmung und Tarifverträge: Kollektives Arbeitsrecht

## Interessenvertretung der Arbeitnehmer

**1** Stellen Sie dem Betriebsrat die Jugend- und Auszubildendenvertretung gegenüber.

| | Betriebsrat | Jugend- und Auszubildenden-vertretung |
|---|---|---|
| Wer ist wahl-berechtigt? | | |
| Wer ist wählbar? | | |
| Für wie lange? | | |
| Welche Aufgaben haben die jeweiligen Organe? | | |

**2** Die folgenden Fälle werden dem Betriebsrat vorgelegt. Wie wird er entscheiden oder empfehlen?

a) Claudia arbeitet als Schreibkraft in einem Büro eines großen Handwerksbetriebs mit noch zwei anderen Kolleginnen. Wegen einer rheumatischen Erkrankung versteifen sich ihre Finger der linken Hand. Sie kann die Schreibarbeit nicht mehr erledigen. Da eine Kündigung aus gesundheitlichen Gründen wahrscheinlich wird, wendet sie sich an den Betriebsrat. Was kann der bewirken?

..................................................

..................................................

..................................................

..................................................

..................................................

b) Lukas beleidigt einen Kollegen auf Facebook über mehrere Wochen regelmäßig in schwerster Weise. Sein Chef erfährt dies und kündigt ihm fristlos. Lukas wendet sich an den Betriebsrat.

..................................................

..................................................

..................................................

..................................................

..................................................

c) Elektriker Franz Schön bricht einen Schrank im Sozialraum auf und entwendet eine Geldbörse. Er wird dabei von einem Kollegen gesehen, der den Chef sofort benachrichtigt. Der Chef kündigt Schön fristlos ohne Abmahnung. Schön wendet sich an den Betriebsrat.

........................................................................................................................................

........................................................................................................................................

........................................................................................................................................

**3** In welcher Form darf der Betriebsrat bei unternehmerischen Entscheidungen mitbestimmen?

| Der Betriebsrat hat folgende Rechte ...<br>... in diesen Fällen | Mitbe-<br>stimmung | Mit-<br>wirkung | Unter-<br>richtung |
|---|---|---|---|
| 1. Kündigungen | | | |
| 2. Investitionen | | | |
| 3. Erstellung der Betriebsvereinbarung | | | |
| 4. Erstellung des Urlaubsplans | | | |
| 5. Akkord- und Prämiensätze | | | |
| 6. Änderung der Betriebsorganisation | | | |
| 7. Festlegung der täglichen Arbeitszeit und Pausen | | | |
| 8. Gestaltung des Arbeitsplatzes | | | |
| 9. Einstellungen | | | |
| 10. Unfallverhütung | | | |

**4** ANKREUZTEST (jeweils eine Antwort ist richtig):

a) Unter Tarifautonomie versteht man:

- ◯ Arbeitgeberverband und Gewerkschaft verhandeln über den Tarifvertrag unter Beachtung staatlicher Vorschriften.
- ◯ Der Staat darf sich grundsätzlich bei Tarifverhandlungen nicht einmischen.
- ◯ Der Wirtschaftsminister gibt für die Lohntarifverhandlungen die ungefähre Steigerung vor.

b) Unter Friedenspflicht versteht man:

- ◯ Es dürfen keine politischen Reden im Betrieb gehalten werden.
- ◯ Nach Streiks müssen alle Arbeitnehmer wieder im Betrieb aufgenommen werden; es dürfen keine Kündigungen erfolgen.
- ◯ Während der Tarifvertragsdauer darf der Produktionsprozess nicht durch Streiks oder Aussperrungen unterbrochen werden.

c) Warnstreik bedeutet:

- ◯ Kurze Arbeitsunterbrechungen sollen die Gewerkschaft in laufenden Tarifverhandlungen unterstützen.
- ◯ Länger anhaltende Streiks sollen den Unternehmen als Warnung für das Erfüllen der Gewerkschaftsforderungen dienen.
- ◯ Während der Laufzeit des Tarifvertrags finden kurze Streiks statt, um Forderungen der Arbeitnehmer zu unterstützen.

# 4 Mitbestimmung und Tarifverträge: Kollektives Arbeitsrecht

## Mitbestimmung im Aufsichtsrat

**1** Erarbeiten Sie das Mitbestimmungsmodell nach dem Drittelbeteiligungsgesetz mit 9 Aufsichtsratsmitgliedern. Benennen Sie die einzelnen Organe mit den unten stehenden Begriffen und kennzeichnen Sie durch Pfeile den Weg der Wahlen bzw. der Ernennungen.

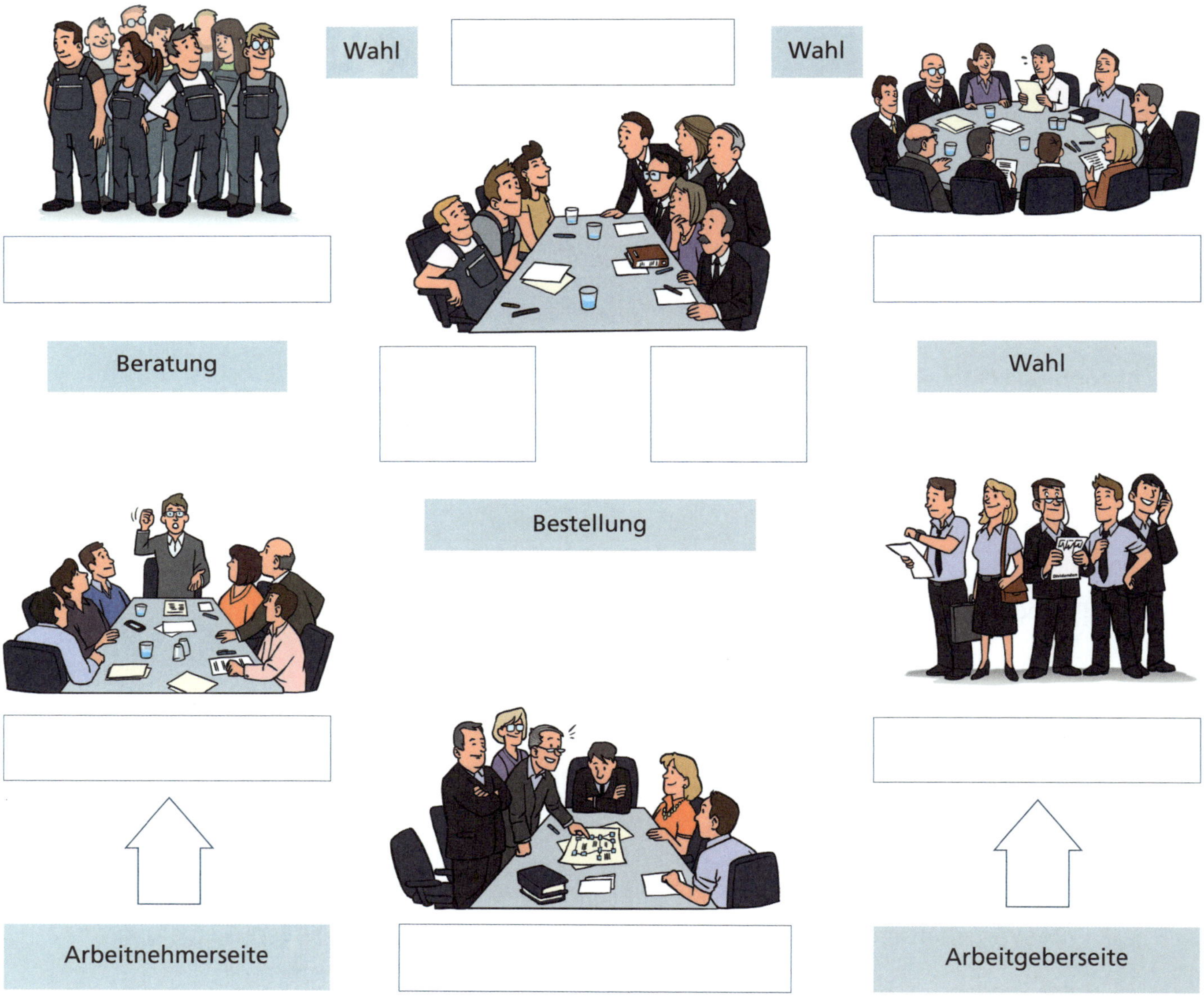


Belegschaft – Gewerkschaften – Vorstand – Hauptversammlung – Aktionäre – Aufsichtsrat – 3 Arbeitnehmervertreter – 6 Kapitalvertreter

**2** Für welche Unternehmensgröße gilt das Drittelbeteiligungsmodell, das oben dargestellt wird?

.......................................................................................................................

.......................................................................................................................

.......................................................................................................................

.......................................................................................................................

.......................................................................................................................

## Betriebsvereinbarung

**1** Im Folgenden sind Teile einer Betriebsvereinbarung (= Arbeitsordnung, Betriebsordnung) mit Lücken abgedruckt. Füllen Sie diese mit den unten stehenden Begriffen aus:

Allgemeine Bestimmungen

Die Betriebsvereinbarung wird zwischen dem .......................... und dem .......................... vereinbart.

Sie soll den .......................................... gewährleisten und einen reibungslosen .......................................... ermöglichen.

Sie ist vom Zeitpunkt des Inkrafttretens für alle ............................................................ und .................................................. verbindlich.

Ein Exemplar der Betriebsvereinbarung ist ständig am .................................................. auszuhängen.

| |
|---|
| Schwarzen Brett – Arbeitgeber – Mitarbeiter – Betriebsrat – Auszubildenden – Betriebsfrieden – Arbeitsablauf |

**2** Zur Ordnung im Betrieb sind folgende Regelungen notwendig.
Was könnte wohl dort geregelt werden?

a) Arbeitszeit:

..........................................................................................................................................

..........................................................................................................................................

b) Pause:

..........................................................................................................................................

..........................................................................................................................................

c) Urlaub:

..........................................................................................................................................

..........................................................................................................................................

d) Lohn- und Gehaltszahlung:

..........................................................................................................................................

..........................................................................................................................................

**3** Auch die Verhaltensweisen des Arbeitnehmers werden in Betriebsvereinbarungen vorgegeben.
Nennen Sie vier mögliche Verhaltensvorgaben.

..........................................................................................................................................

..........................................................................................................................................

..........................................................................................................................................

..........................................................................................................................................

# Mitbestimmung und Tarifverträge: Kollektives Arbeitsrecht

## Tarifverträge

**1**

| Tarifverträge | | | |
|---|---|---|---|
| a) Welche Tarifvertragsarten gibt es? | | | |
| b) Für wie lange wird der Tarifvertrag ungefähr abgeschlossen? | | | |
| c) Was wird im jeweiligen Tarifvertrag geregelt? | | | |

**2** Warum ist der Abschluss von Tarifverträgen sinnvoll?

- Sinnvoll für Arbeitnehmer:

..................................................................................

..................................................................................

..................................................................................

..................................................................................

..................................................................................

..................................................................................

..................................................................................

..................................................................................

..................................................................................

..................................................................................

- Sinnvoll für Arbeitgeber:

..................................................................................

..................................................................................

..................................................................................

..................................................................................

..................................................................................

..................................................................................

..................................................................................

..................................................................................

..................................................................................

..................................................................................

**1** Füllen Sie folgende Tabelle aus.

| | Kranken-versicherung | Pflege-versicherung | Arbeitslosen-versicherung | Renten-versicherung | Unfall-versicherung |
|---|---|---|---|---|---|
| Versicherungsträger | | | | | |
| Versicherungsleistungen | Aufklärung/ Beratung über:<br><br>Vorsorgeuntersuchungen für:<br>• Kinder bis ..... J.<br>• Jugendl. ........... J.<br>• Frauen ab ..... J.<br>• Männer ab ......... J.<br><br>Bei Krankheit (Beispiele):<br><br>Mutterschaft: | Pflegegrade:<br><br>Regelleistungen: | Aktive Arbeitsförderung (Beispiele):<br><br>Höhe des ALG I: ......... % ohne Kinder, ......... % mit Kindern des .............. arbeitsentgelts.<br><br>Bürgergeld erhalten:<br><br>Sozialhilfe erhalten: | Bei Rehabilitation (Beispiele):<br><br>Ab wann gilt die Regelaltersgrenze? ab ...... Lebensjahren<br><br>Wer bekommt Hinterbliebenenrente? | Verhinderung von Unfällen und Berufskrankheiten:<br><br>Bei Betriebsunfall (Beispiele)<br><br>Wenn ein Betriebsunfall zum Berufswechsel zwingt: |

(Fortsetzung der Tabelle auf S. 30)

| | Kranken-versicherung | Pflege-versicherung | Arbeitslosen-versicherung | Renten-versicherung | Unfall-versicherung |
|---|---|---|---|---|---|
| Beitrags-satz | | | | | |
| Sonderre-gelungen | | | | | |
| Beitrags-aufteilung | | | | | |
| Wer ist pflichtversichert? | | | | | |
| Wer ist freiwillig versichert? | | | | | |

**2** ANKREUZTEST (jeweils eine Antwort ist richtig):

a) Welche Personengruppe ist nicht in der gesetzlichen Krankenversicherung pflichtversichert?

- ◯ Arbeitnehmer
- ◯ Auszubildende
- ◯ Arbeitslose
- ◯ Rentner
- ◯ Selbstständige

b) Welche Versicherung gehört nicht zur Sozialversicherung?

- ◯ Unfallversicherung
- ◯ Lebensversicherung
- ◯ Arbeitslosenversicherung
- ◯ Krankenversicherung
- ◯ Rentenversicherung

**3** Stellen Sie fest, welche Sozialversicherung in folgenden Fällen infrage kommt. Kreisen Sie ein: KV (Krankenversicherung), PV (Pflegeversicherung), ALV (Arbeitslosenversicherung), RV (Rentenversicherung), UV (Unfallversicherung) und erarbeiten Sie die jeweiligen Versicherungsleistungen.

a) Arbeitnehmer Klaus Arnold muss wegen eines Leistenbruchs ins Krankenhaus. Nach der Operation muss er noch eine Woche dort beobachtet werden und darf aufgrund ärztlicher Vorschrift 8 Wochen nicht arbeiten. Welche Ansprüche hat er? ( KV, PV, ALV, RV, UV )

..............................................................................................................................

..............................................................................................................................

..............................................................................................................................

b) Maja Hitzel ist schwanger. Welche Ansprüche hat sie? ( KV, PV, ALV, RV, UV )

..............................................................................................................................

..............................................................................................................................

..............................................................................................................................

c) Der kinderlose Horst Kuno wird arbeitslos, da seine Firma Insolvenz angemeldet hat. Er wendet sich an das Arbeitsamt und beantragt Arbeitslosenunterstützung.
Was wird dort geprüft und welche Leistungen hat er zu erwarten? ( KV, PV, ALV, RV, UV )

..............................................................................................................................

..............................................................................................................................

..............................................................................................................................

..............................................................................................................................

d) Omar Yildiz ist 62 Jahre alt und möchte vor Erreichen der Regelaltersgrenze in Rente gehen.
Welche Bedingungen muss er erfüllen?
Welche Konsequenzen muss er in Kauf nehmen? ( KV, PV, ALV, RV, UV )

..............................................................................................................................

..............................................................................................................................

..............................................................................................................................

e) Antonia Marino verunglückt auf dem direkten Weg zur Arbeit. Sie muss sich in ärztliche Behandlung begeben. Welche Versicherung zahlt (Begründung)? ( KV, PV, ALV, RV, UV )

..............................................................................................................................

..............................................................................................................................

..............................................................................................................................

f) Kurt Meier hatte einen schweren Motorradunfall. Er ist ab dem Hals querschnittsgelähmt und bedarf einer 24-stündigen Betreuung hinsichtlich Körperpflege, Ernährung und Mobilität.
Welche Versicherung tritt ein? Welche Einstufung wird vorgenommen? ( KV, PV, ALV, RV, UV )

..............................................................................................................................

..............................................................................................................................

..............................................................................................................................

(Fortsetzung der Aufgabe auf S. 32)

g) Anne Töpfer bleibt mit ihrem Fahrradreifen auf dem Weg zur Berufsschule in einer Straßenbahnschiene hängen. Sie verletzt sich erheblich und muss stationär im Krankenhaus aufgenommen werden. Welche Versicherung tritt ein (Begründung)?
Welche Leistungen werden bezahlt? ( KV, PV, ALV, RV, UV )

............................................................................................................

............................................................................................................

h) Wolfgang Weber fährt zur Arbeit. Auf dem Weg dorthin fährt er noch über einen Umweg am Tennisklub vorbei, um sich für 18 Uhr für ein Spiel einzutragen. Auf der Weiterfahrt verunglückt Herr Weber schwer und muss ärztlich behandelt werden.
Welche Versicherung tritt ein (Begründung)? ( KV, PV, ALV, RV, UV )

............................................................................................................

............................................................................................................

**4** ANKREUZTEST (jeweils eine Antwort ist richtig):

a) Die Sozialversicherung ist

- ◯ eine private Vorsorge.
- ◯ eine Pflichtversicherung für alle Bürger.
- ◯ eine soziale Sicherung vor materieller und sozialer Not.
- ◯ ein anderer Begriff für Sozialhilfe.
- ◯ eine Krankenversicherung für alle, die sich eine private Versicherung nicht leisten können.

b) Die Verwaltung der Sozialversicherung

- ◯ wird von Beamten vorgenommen.
- ◯ untersteht direkt dem Bundesministerium für Arbeit.
- ◯ untersteht dem Landesarbeitsminister.
- ◯ wird durch gewählte Organe selbst vorgenommen.
- ◯ wird durch Arbeitgeberorganisationen vorgenommen.

c) Um bei einem vorübergehenden Arbeitsausfall wegen schlechter Auftragslage die Arbeitsplätze zu erhalten, zahlt das Arbeitsamt

- ◯ Insolvenzgeld
- ◯ Kurzarbeitergeld
- ◯ Schlechtwettergeld
- ◯ Arbeitslosengeld
- ◯ Sozialgeld

d) Wann liegt ein Wegeunfall im Sinne der Unfallversicherung vor?

- ◯ Klaus Braun verunglückt im Urlaub und muss sich ärztlich behandeln lassen.
- ◯ Ilkay Önal fährt zur Arbeit. Dabei fällt ihr ein, dass sie noch mit ihrem Freund telefonieren muss. Sie fährt in die nächste Seitenstraße. Beim Aussteigen stolpert sie und bricht sich den Arm.
- ◯ Heinz Müller hält auf dem Weg zur Arbeit an, um sich Brötchen zu kaufen. Dabei stürzt er und zieht sich einen Bänderriss zu.
- ◯ Janina Kraut benutzt die Mittagspause, um sich etwas zum Essen zu holen. Unterwegs stürzt sie und bricht sich einen Finger.
- ◯ Jörg Schulze spielt nach Feierabend mit seinem Kollegen Skat. Auf dem Weg zur Gaststätte verknickt er sich den Fuß so stark, dass er nicht mehr laufen kann.

e) Wer zahlt die Beiträge zur gesetzlichen Unfallversicherung?

- ◯ der Arbeitnehmer alles
- ◯ der Arbeitgeber alles
- ◯ Arbeitnehmer und Arbeitgeber je zur Hälfte
- ◯ Arbeitnehmer, Arbeitgeber und Staat je ein Drittel
- ◯ Arbeitnehmer ein Drittel, Arbeitgeber zwei Drittel

**1** Stellen Sie sich vor, Sie sind im dritten Ausbildungsjahr und ziehen demnächst in eine eigene 2-Zimmer-Wohnung. Sie beabsichtigen, sich ein gebrauchtes Auto zu kaufen und haben deshalb einen Versicherungsvertreter eingeladen, der Ihnen erklären soll, welche Versicherungen Sie brauchen.

Sie wollen ...
- sich und die Wohnung absichern,
- sich gegen Berufsunfähigkeit versichern,
- Ihr Auto versichern,
- im Alter abgesichert sein,
- bei einem Krankenhausaufenthalt in einem 1-Bett-Zimmer liegen,
- als aktiver Sportler/aktive Sportlerin gegen Unfälle abgesichert sein,
- für den Fall eines Streitfalles eine Rechtsberatung in Anspruch nehmen können.

Der Versicherungsvertreter bietet Ihnen daraufhin folgende Versicherungen an:

A. Personenversicherungen: Leistungen:

B. Sachversicherungen: Leistungen:

C. Vermögensversicherungen: Leistungen:

**2** Sehr viele Menschen haben das Bedürfnis, sich vor Risiken zu schützen. D. h. nicht, dass sie nicht das Risiko lieben, aber die Folgen wollen sie so niedrig wie möglich halten. So reizt den Fallschirmspringer sicherlich das Risiko, er schützt sich allerdings vor der Unfallgefahr.

Suchen Sie für die folgenden Fälle eine private Versicherungsart, die für den Schaden aufkommen würde:

a) Familie Hansen wohnt in einer Mietwohnung im 1. Obergeschoss. Eines Tages platzt der Schlauch der Spülmaschine. Erst als Frau Roth, die direkt unter Hansens wohnt, aufgeregt mitteilt, dass das Wasser durch die Decke tropft, wird das ganze Ausmaß des Schadens deutlich. Der Schaden in der Wohnung der Familie Hansen beträgt 6.700,00 €.

..........

b) Die 15-jährige Auszubildende Christina aus Deutschland muss in den USA wegen einer Herzerkrankung operiert werden. Die zuständige gesetzliche Versicherung verweigert die Zahlung.

..........

c) Über Neustadt entlädt sich ein Hagelunwetter. Die Hagelkörner sind so groß wie Taubeneier. Yannick hat sein Auto auf der Straße stehen. Die Folgen sind verheerend. Das gesamte Auto ist durch die Hagelkörner zerbeult. Der Schaden wird auf 5.000,00 € geschätzt.

..........

d) Max fährt bei schönem Wetter mit seinem neuen Auto durch den Schwarzwald. Er unterschätzt eine Kurve und gerät mit seinem Fahrzeug in die Leitplanke. Die ganze Fahrzeugseite ist verschrammt und die Türen verklemmt.

..........

e) Familie Burggraf hat eine Flugreise nach Mallorca gebucht. Leider erkrankt die Mutter schwer, sodass die ganze Familie nicht fliegen kann.

..........

f) Der Geschäftsmann Wolfgang Reuter fliegt zu Geschäftsverhandlungen nach Tokio. Nach erfolgreichen Gesprächen bekommt er immer stärker werdende Ohrenschmerzen. Schließlich muss er zum Arzt, der ihn untersucht und ihm Medikamente verschreibt.

..........

g) Der Dackelrüde Knurri sitzt ruhig vor dem Geschäft angebunden und wartet auf „Frauchen". Plötzlich sieht er eine Schäferhündin auf der anderen Straßenseite. Er reißt sich blitzartig von seiner Leine los und rennt über die Straße. Ein Autofahrer sieht ihn zu spät. Er kann ihm zwar ausweichen, prallt aber auf ein parkendes Auto. Sachschaden 10.000,00 €.

..........

h) Da Knurri nicht das erste Mal einen solchen Schaden verursacht hat, befürchtet die Hundehalterin, dass die Versicherung ihr nach Schadensregelung den Vertrag kündigt. Sie ist deshalb nicht gewillt, dem Autofahrer gegenüber den Schaden zu übernehmen. Der Autofahrer nimmt sich daraufhin einen Anwalt.

..........

**1** In der Textilfabrik in Lörrach werden unterschiedliche Formen der Entlohnung angewandt.

a) Erklären Sie die folgenden Lohnformen:

| Lohnformen | | |
|---|---|---|
| Zeitlohn | Leistungslohn | Beteiligungslohn |
| | | |

| Akkordlohn | Prämienlohn |
|---|---|
| | |

b) Ordnen Sie den folgenden Berufen/Tätigkeiten in der Textilfabrik eine geeignete Lohnform zu:

| Beruf/Tätigkeit | Lohnform |
|---|---|
| Maschineningenieur zur Betreuung der Näh- und Webmaschinen | |
| Näherin an einer Nähmaschine mit möglichst fehlerfreier Arbeit | |
| Außendienstmitarbeiter (Vertreter) für die Betreuung von Großabnehmern | |
| Hilfsarbeiter für die Warenannahme und -ausgabe | |
| Weber an einem halbautomatischen Webstuhl | |

(Fortsetzung der Aufgabe auf S. 36)

c) Stellen Sie die Vor- und Nachteile von Zeitlohn und Leistungslohn einander gegenüber:

| | Zeitlohn | Leistungslohn |
|---|---|---|
| Vorteile | | |
| Nachteile | | |

**2** Berechnen Sie folgende Löhne der Textilfabrik für einen Monat mit 21 Arbeitstagen:

a) Näherin Annelies arbeitet pro Woche 38,5 Stunden und erhält einen Stundenlohn von 14,10 €. Welcher Betrag wird am Monatsende überwiesen?

1. Wie lautet die allgemeine Formel zur Berechnung des Bruttolohns?

2. Berechnen Sie.

b) Näherin Marie erhält ebenfalls einen Grundlohn von 14,10 € pro Stunde. Sie arbeitet aber im Akkord und bekommt 0,71 € pro Stück. Die Normalleistung pro Tag ist 154 Stück, die durch eine Arbeitszeitstudie festgelegt wurde. Errechnen Sie ihren Monatsverdienst bei Normalleistung und bei erhöhter Leistung von 200 Stück pro Tag.

1. Wie lautet die allgemeine Formel?

2. Berechnen Sie: für 154 Stück für 200 Stück

c) Die Textilfabrik stellt von Stückgeldakkord auf Stückzeitakkord um. Die Normalleistung beträgt nun 3 Minuten pro Stück. Errechnen Sie den Monatsverdienst für die Normalleistung und die erhöhte Leistung von 200 Stück.

1. Wie lautet die allgemeine Formel?

2. Wie errechnet sich der Minutenfaktor?

3. Berechnen Sie: für 154 Stück: für 200 Stück:

**3** Der folgende Zeitungsausschnitt zeigt, dass das Problem der Mitarbeiterbeteiligung erkannt und zum Teil in (größeren) Firmen umgesetzt wird:

**Die Angestellten finanziell am Erfolg der Firma zu beteiligen, ist eine „Win-win-Situation"**

Die Angestellten der Lörracher Textilfabrik können seit einigen Jahren stille Beteiligungen zeichnen. Dadurch sind sie nicht nur Miteigentümer ihrer Firma, sondern sie haben auch das Recht auf eine Beteiligung am Gewinn der Firma. Durchschnittlich beträgt die Rendite für die mehr als 80 Mitarbeiter stolze 12 Prozent. Theoretisch müssten sie auch einen Verlust mittragen. Das ist allerdings glücklicherweise noch nie vorgekommen.

a) Welches sind die Motive von Unternehmen, ihre Mitarbeiter am Erfolg zu beteiligen?

.......................................................................................................

.......................................................................................................

.......................................................................................................

.......................................................................................................

b) Welche Bedeutung hat eine Kapitalbeteiligung für das Unternehmen und für den Mitarbeiter?

• Unternehmen:

.......................................................................................................

.......................................................................................................

.......................................................................................................

• Mitarbeiter:

.......................................................................................................

.......................................................................................................

.......................................................................................................

c) Der Mitarbeiter kann am Eigenkapital oder am Fremdkapital beteiligt werden.
Erläutern Sie diese beiden Möglichkeiten.

• Beteiligung am Eigenkapital:

.......................................................................................................

.......................................................................................................

.......................................................................................................

.......................................................................................................

.......................................................................................................

• Beteiligung am Fremdkapital:

.......................................................................................................

.......................................................................................................

.......................................................................................................

.......................................................................................................

.......................................................................................................

**4** Die Tabelle zeigt, wie sich der Anteil der Lohnformen in der Metall- und Elektro-Industrie (M+E) in 40 Jahren verändert hat (angegebene Werte dienen nur als Beispiel).

| Anteil der Lohnformen in der M+E-Industrie (in %) | | | |
|---|---|---|---|
| Jahr | Zeitlohn | Akkordlohn | Prämienlohn |
| 1992 | 51,7 | 39,8 | 8,5 |
| 1996 | 52,7 | 38,2 | 9,1 |
| 2000 | 53,2 | 36,5 | 11,3 |
| 2004 | 51,7 | 31,7 | 16,8 |
| 2008 | 51,0 | 27,0 | 21,8 |
| 2012 | 53,2 | 22,8 | 24,2 |
| 2016 | 53,0 | 19,5 | 25,1 |
| 2020 | 52,4 | 18,1 | 29,5 |
| 2024 | 51,9 | 17,2 | 30,9 |

a) Stellen Sie die Daten in der folgenden Grafik mit unterschiedlichen Farben anschaulich dar.

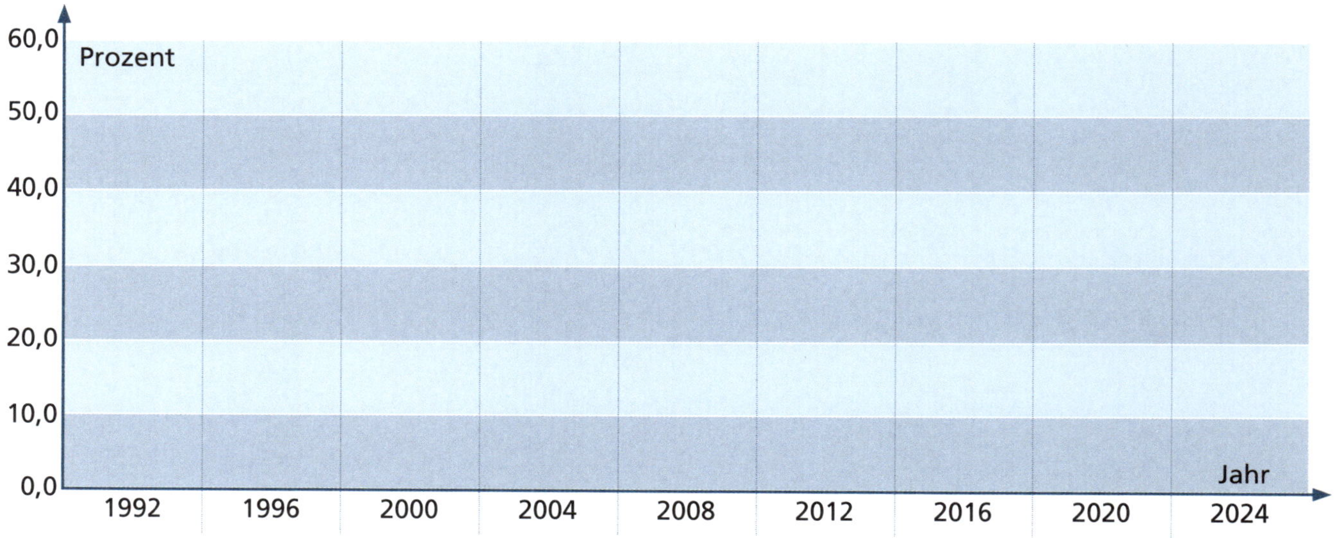


b) Beschreiben Sie die Entwicklung bei den verschiedenen Lohnformen.

.....

.....

.....

c) Wie lässt sich die beschriebene Entwicklung erklären?

.....

.....

.....

.....

.....

## Gerechte Entlohnung

**1** Fügen Sie die unten stehenden Begriffe korrekt in den Lückentext ein:

Die Arbeitsbewertung ist ein Hilfsmittel zur ............................ der Höhe der ............................ an die ............................ . Sie stellt die ............................ für die ............................ dar und dient dazu, die Lohnhöhe nach dem ...................................... zu bestimmen. Die Schwierigkeit wird in ................. ausgedrückt. Diese hängen wiederum von der Anforderung und der ................................... ab.

| |
|---|
| Beanspruchung – Lohnformen – Grundlage – Schwierigkeitsgrad – Punkten – Anforderungen – Bestimmung – Mitarbeiter |

**2** Nehmen Sie eine analytische Arbeitsbewertung vor, indem Sie in der Tabelle unten für folgenden Arbeitsplatz Tätigkeiten und Belastungen aufzählen und mit Punkten bewerten.

**Arbeitsplatzbeschreibung:**

| | |
|---|---|
| Beruf: | Schreinergeselle |
| Arbeitsauftrag: | Anfertigen von Zimmertüren aus Holz |
| Arbeitsplatz: | Schreinerwerkstatt, ausgestattet mit Bandsäge, Tischkreissäge, Fräsmaschine, Bohrmaschine usw., Tageslicht, Absaugvorrichtungen an den Maschinen |
| Arbeitsauftrag: | Zeichnungen lesen, Schnittliste aufstellen, Material aussuchen, Holz anzeichnen, Rohmaße schneiden, Türen schleifen und lackieren |

| Anforderungsarten | Einzelangaben zur Fertigung | max. Bewertung | erreichte Punkte |
|---|---|---|---|
| Kenntnisse | | 5 | |
| Geschicklichkeit | | 5 | |
| geistige Belastung | | 5 | |
| Muskelbeanspruchung | | 5 | |
| Verantwortung für Betriebsmittel | | 5 | |
| Verantwortung für Arbeitsfluss | | 5 | |
| Verantwortung für Arbeit anderer | | 5 | |
| Beeinflussung durch Umgebung | | 5 | |
| Punktzahl insgesamt | | 40 | |

Nach welcher Lohngruppe ist der Schreinergeselle gemäß nachfolgender Tabelle zu bezahlen? .........

| Punkte | 0–8 | 9–14 | 15–20 | 21–24 | 25–29 | 30–35 | 36–40 |
|---|---|---|---|---|---|---|---|
| Lohngruppe | 1 | 2 | 3 | 4 | 5 | 6 | 7 |

**3** Der ausgezahlte Lohn für einen Arbeitnehmer besteht meistens aus einer Mischung aus Leistungskomponente und Sozialkomponente.

a) Nennen Sie Beispiele für jede dieser beiden Komponenten.

- Entlohnung nach Leistung:
- Entlohnung nach sozialen Aspekten:

b) Frauen erhalten auch heutzutage bei gleicher Qualifikation häufig noch eine niedrigere Entlohnung als Männer (bei gleicher Tätigkeit, Ausbildung und Erfahrung ca. 5,5 % weniger).
Nennen Sie mögliche Gründe für die unterschiedliche Behandlung der Geschlechter.

c) Auch ausländische Arbeitnehmer werden bei der Entlohnung häufig benachteiligt.
Welche Gründe könnten dabei eine Rolle spielen?

**4** In den meisten Ländern der Europäischen Union (EU) erhalten geringverdienende Arbeitnehmer einen Mindestlohn.

a) Welche Wirkung können gesetzliche Mindestlöhne auf Beschäftigung und Preise haben?

b) In Deutschland und den anderen EU-Ländern gibt es tarifliche Mindestlöhne.
Worin besteht der Unterschied zum gesetzlichen Mindestlohn?

## Lohnabrechnung

Anton Kassel, Geselle, ist verheiratet, konfessionslos und hat 1 Kind. Seine Ehefrau ist nicht berufstätig.
Von seinen 162 regulären Arbeitsstunden im vergangenen Monat leistete Kassel 3 Stunden in der Nacht (von 23 bis 2 Uhr) und 4 Stunden an einem gesetzlichen Feiertag. Zusätzlich machte er 12 Überstunden.
Kassel zahlt jährlich 480,00 € auf einen vermögenswirksamen Bausparvertrag ein. Der Arbeitgeber zahlt ihm 15,00 € pro Monat dazu. Für einen Meisterkurs kann er erhöhte Werbungskosten geltend machen und lässt einen Freibetrag von 75,00 € in seine Lohnsteuerkarte eintragen.
Sein Stundenlohn beträgt 14,10 €.
Als Zuschläge bekommt er:

- 25 % für Überstunden und Nachtarbeit sowie 125 % für Feiertagsarbeit.
- Nur die Zuschläge für Nacht- und Feiertagsarbeit sind steuer- und sozialversicherungsfrei.

**Sozialversicherung:** Es gelten folgende Beitragssätze des Jahres ..........

| Sozialversicherungsart | %-Satz | % vom AN zu tragen |
|---|---|---|
| Krankenversicherung | | |
| Rentenversicherung | | |
| Arbeitslosenversicherung | | |
| Pflegeversicherung | | |
| Zuschlag PV für Kinderlose | | |

a) Tragen Sie die aktuellen Sozialversicherungswerte in die Tabelle oben rechts ein.
b) Vervollständigen Sie die Tabelle unten mithilfe eines Lohnsteuerrechners im Internet. Antons Krankenkasse verlangt einen Zusatzbeitrag i. H. v. 1,1 %.

Abrechnung der Brutto-Netto-Bezüge Monat ____________________

| Name, Vorname | Steuerklasse | Kinderzahl | Kinderfreibetrag | Konfession | Freibetrag |
|---|---|---|---|---|---|
| | III | | 1,0 | | |

| Arbeitslohn | Std. | Stdn.-lohn | Überstdn. | %-Zuschlag | lohnsteuerfrei | sozialvers.-frei | Bruttobetrag |
|---|---|---|---|---|---|---|---|
| Stundenlohn | | | | | | | |
| Überstunden | | | | | | | |
| Nachtarbeit | | | | | | | |
| Feiertagsarbeit | | | | | | | |
| vermögenswirks. Leistungen | | | | | | | |
| Steuerfreibetrag | | | | | | | |

| Steuerbrutto | Lohnsteuer | Solid.-zuschlag | Kirchensteuer |
|---|---|---|---|
| | | | |

| Summe | Summe | Gesamtbrutto |
|---|---|---|
| | | |

| Sozialvers.brutto | Krankenvers. | Rentenvers. | Arbeitsl.vers. | Pflegevers. |
|---|---|---|---|---|
| | | | | |

| Summe Abzüge |
|---|
| |

| Nettobezüge | Überweisung Bausparvertrag | Auszahlung |
|---|---|---|
| | | |

## Lohnzusatzkosten und Reallohnentwicklung

**1** Die Tabelle rechts zeigt, wie viele Lohnzusatzkosten im Durchschnitt auf 100,00 € Direktentgelt entfallen.

| | |
|---|---|
| 21,18 € | Sozialversicherungsbeiträge des Arbeitgebers |
| 4,20 € | Lohnfortzahlung bei Krankheit |
| 4,50 € | sonstige: Mutterschutz usw. |
| 19,00 € | Urlaubsgeld |
| 8,10 € | Gratifikation usw. |
| 8,00 € | betriebliche Altersversorgung Vermögensbildung |
| 7,80 € | sonstige: Familienbeihilfe usw. |
| .................. | Summe |

a) Wie viel % betragen die Lohnzusatzkosten vom direkt gezahlten Lohn?

..................................................

..................................................

..................................................

..................................................

b) Welche Beträge sind gesetzliche und welche tarifliche bzw. betriebliche Lohnzusatzkosten?

..................................................

..................................................

..................................................

..................................................

c) Die folgenden beiden Stellungnahmen zu den Lohnzusatzkosten sind sehr gegensätzlich. Geben Sie die jeweilige Argumentation unten mit eigenen Worten wieder und stellen Sie fest, von wem diese Meinungen stammen könnten. Welche Meinung haben Sie zu diesem Problem?

**Stellungnahme 1**

Die soziale Sicherheit in Deutschland wird überwiegend durch Sozialbeiträge von der Arbeit finanziert. Eine Entlastung der Arbeit von Abgaben ist notwendig. Dies aber nicht durch Kürzung von Sozialleistungen, sondern durch eine gerechtere Finanzierung des Sozialsystems: Indem der Energieverbrauch, Vermögen und Spitzeneinkommen stärker herangezogen werden und bestehende Lohnabgaben von der gesamten Wertschöpfung berechnet werden.

**Stellungnahme 2**

Jede Handlung der Wirtschaftspolitik, die die Lohnzusatzkosten erhöht und damit die Wettbewerbsfähigkeit des Faktors Arbeit schwächt, ist eine Todsünde, die noch mehr Arbeitslose schafft. Das kann nicht mehr hingenommen werden, dieser Trend muss gebrochen werden. Lohnzusatzkosten in dieser dramatischen Höhe veranlassen deutsche Unternehmen, im Ausland zu investieren. Umgekehrt hindern sie Unternehmen im Ausland daran, in Deutschland zu investieren. Wann, endlich, werden Regierung und Parlament etwas dagegen tun?

- Stellungnahme 1: ..................................................

..................................................

..................................................

..................................................

- Stellungnahme 2: ..................................................

..................................................

..................................................

..................................................

• Eigene Stellungnahme: ........................................

........................................

........................................

........................................

........................................

........................................

........................................

**2** Die Tabelle zeigt die jährlichen Steigerungen der Tariflöhne und des Preisniveaus in %.

a) Berechnen Sie die sich daraus ergebende Entwicklung des Reallohns.

| Jahr | 2013 | 2014 | 2015 | 2016 | 2017 | 2018 | 2019 | 2020 | 2021 | 2022 | 2023 |
|---|---|---|---|---|---|---|---|---|---|---|---|
| Tariflohn | 2,7 | 3,1 | 2,7 | 2,4 | 2,4 | 3,0 | 2,9 | 2,0 | 1,7 | 2,7 | 5,6 |
| Verbraucherpreise | 1,4 | 1,0 | 0,5 | 0,5 | 1,5 | 1,8 | 1,4 | 0,5 | 3,1 | 6,6 | 6,0 |
| Reallohn | | | | | | | | | | | |

(Veränderung gegenüber dem Vorjahr in Prozent – Quelle: Statistisches Bundesamt und WSI-Tarifarchiv)

b) Übertragen Sie die Werte aus der Tabelle oben in folgendes Diagramm und kennzeichnen Sie die einzelnen Linien farbig.

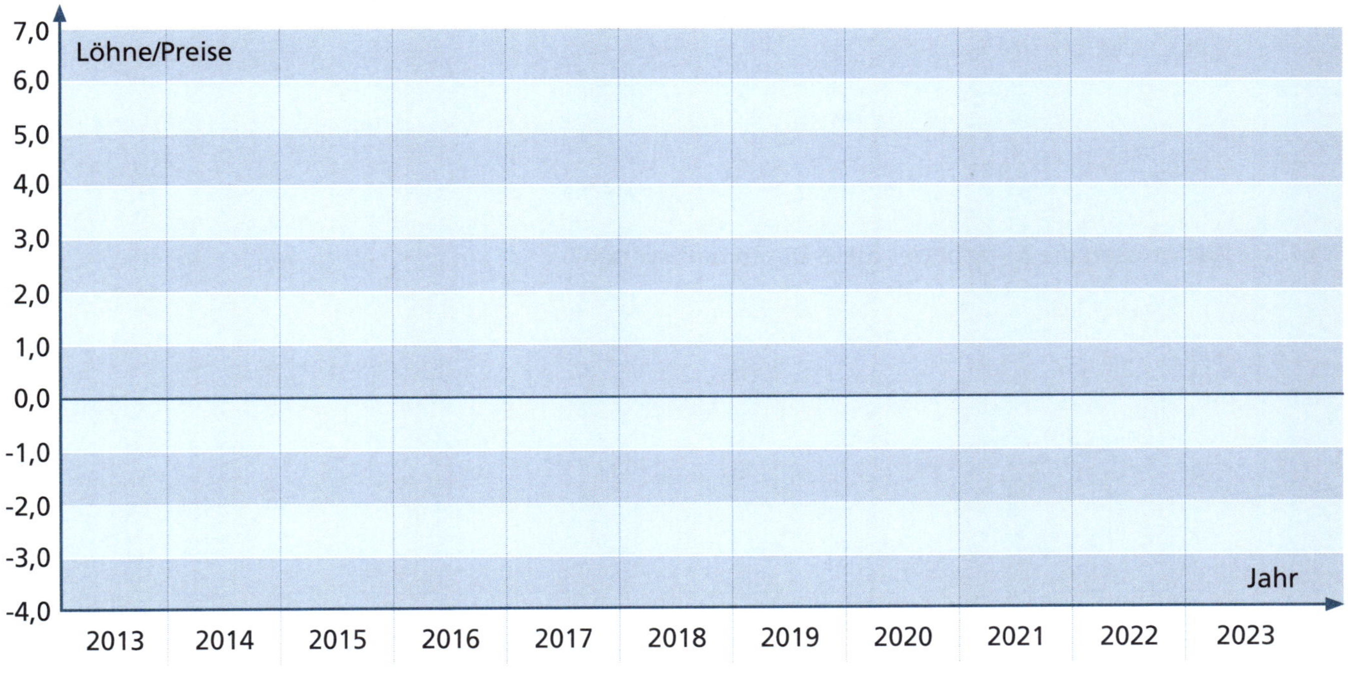


c) Wie beurteilen Sie die Entwicklung der Reallöhne im Zeitablauf?

........................................

........................................

........................................

## Grundzüge der Besteuerung und Steuererklärung

**1** Erläutern Sie, wie der Einkommensteuertarif aufgebaut ist. (Vgl. dazu die Grafik zum Steuertarif im Lehrbuch auf S. 107)

**2** In der Kfz-Werkstatt Auto-Mobil von Herrn Kowalsky in 09117 Chemnitz, Plauener Str. 9, arbeiten der Kfz-Meister Kurt Kassel, mehrere Gesellen und der Auszubildende Jan Schmidt.

Auszubildender Jan Schmidt:
- 20 Jahre alt
- ledig
- keine Kinder
- keine Religionszugehörigkeit
- Ausbildungsvergütung 1.050,00 €/Monat

Kfz-Meister Kurt Kassel:
- verheiratet
- zwei Kinder
- evangelisch
- Bruttogehalt 3.835,00 €/Monat
- Frau Kassel arbeitet halbtags

a) Welche Daten benötigt Herr Kowalsky von seinen Mitarbeitern, um ihr Nettoeinkommen berechnen zu können und die Steuern korrekt abzuführen?

b) Wie müssen die Mitarbeiter diese Daten nachweisen?

c) In welche Steuerklassen werden die Mitarbeiter Jan Schmidt und Kurt Kassel jeweils eingeteilt und welche Bedeutung hat die Steuerklasse bei der Berechnung des Nettolohns?

**3** Kurt Kassel stellt für das Vorjahr seine Werbungskosten für die Einkommensteuererklärung zusammen:

- Fahrt zur Arbeit an 220 Tagen im Jahr (5 Arbeitstage pro Woche, 30 Urlaubstage) mit eigenem PKW, einfache Fahrtstrecke 20 km. Berücksichtigungsfähig sind 0,30 € pro km einfache Entfernung.
- monatlicher Gewerkschaftsbeitrag 18,00 €
- Arbeitskleidung & Waschen der Kleidung 198,00 €
- Fachliteratur und Fachzeitschriften 208,00 €
- Gebühren für zwei Kurse „Auto-Elektronik" 588,00 €
- Kursunterlagen und Fahrtkosten zur Fortbildung 72,00 €
- Kontoführungsgebühr (pauschal) 16,00 €

a) Was versteht man im Steuerrecht unter „Werbungskosten"?

..........................................................................................

..........................................................................................

b) Füllen Sie gemäß der obigen Angaben den folgenden Teilausschnitt des Steuerformulars (Anlage N) aus und berechnen Sie die gesamten Werbungskosten. (Achtung: Das Ergebnis der Fahrtkostenberechnung wird erst ganz unten bei Berechnung der gesamten Werbungskosten einbezogen.)

Steuernummer, Name und Vorname: 08971/230112 Kassel, Kurt

**Werbungskosten** 87 / 88

– ohne Beträge laut den Zeilen 81 bis 84 –

**Hinweis:**
**Mehraufwendungen für eine doppelte Haushaltsführung erklären Sie bitte in der Anlage N-Doppelte Haushaltsführung.**

**Entfernungspauschale**

**Wege zwischen Wohnung und erster Tätigkeitsstätte / Sammelpunkt / weiträumigem Tätigkeitsgebiet (1. Angabe)**

30 1 = erste Tätigkeitsstätte, 2 = Sammelpunkt / weiträumiges Tätigkeitsgebiet | PLZ, Ort und Straße: Chemnitz, Plauener Straße 9 | vom | bis

31 Arbeitstage je Woche | Urlaubs-, Krankheits-, Heimarbeits- und Dienstreisetage | Behinderungsgrad mindestens 70 oder mindestens 50 und Merkzeichen „G" 115 | 1 = Ja

32 aufgesucht an Tagen 110

33 einfache Entfernung in Kilometern (auf volle Kilometer abgerundet) 111 km

34 davon mit eigenem oder zur Nutzung überlassenem PKW zurückgelegt 112 km

**Beiträge zu Berufsverbänden**

Bezeichnung der Verbände | EUR

56 | 310 | ,–

**Aufwendungen für Arbeitsmittel**

– soweit nicht steuerfrei ersetzt –

Art der Arbeitsmittel | EUR

57 | | ,–

58 | + | ,–

59 Summe 320 = | ,–

**Fortbildungskosten**

– soweit nicht steuerfrei ersetzt –

EUR

63 | 330 | ,–

**Weitere Werbungskosten**

– soweit nicht steuerfrei ersetzt –

Fähr- und Flugkosten bei Wegen zwischen Wohnung und erster Tätigkeitsstätte / Sammelpunkt / weiträumigem Tätigkeitsgebiet | EUR

64 | | ,–

Sonstiges (z. B. Bewerbungskosten, Kontoführungsgebühren)

65 | + | ,–

66 | + | ,–

67 Summe der weiteren Werbungskosten 380 = | ,–

**Gesamte Werbungskosten =**

**4** Für die Einkommensteuererklärung der Familie Kassel liegen außer den bereits genannten Angaben folgende Daten vor:

- Frau Kassel hatte ein Jahreseinkommen in Höhe von 15.030,00 €, Herr Kassel erhielt Urlaubs- und Weihnachtsgeld in Höhe von 3.900,00 €.
- Die Werbungskosten von Herrn Kassel liegen über dem Pauschbetrag und wurden in der vorherigen Aufgabe berechnet. Frau Kassel macht den Werbungskosten-Pauschbetrag geltend.
- Herr Kassel hatte Zinseinkommen aus festverzinslichen Wertpapieren in Höhe von 511,00 € und Frau Kassel aus einem Bausparvertrag in Höhe von 295,00 €.
- Da sie als Ehegatten zusammen veranlagt sind, wird ein gemeinsamer Sparer-Pauschbetrag von 2.000,00 Euro gewährt (vgl. hierzu auch Lehrbuch S. 193).
- Die Vorsorgeaufwendungen (gesetzliche RV, KV und PV) betrugen 11.042,00 €.
- Die Familie spendete für „Brot für die Welt" insgesamt 250,00 € (das sind Sonderausgaben).

a) Prüfen Sie mithilfe des Ablaufplans im Lehrbuch auf S. 108, ob die Familie Kassel eine ESt-Erklärung abgeben muss oder freiwillig abgeben kann. Begründen Sie Ihre Entscheidung.

..................................................

..................................................

..................................................

b) Berechnen Sie mithilfe des (vereinfachten) Steuerschemas den Erstattungs- oder Nachzahlungsbetrag der Familie Kassel, wenn im letzten Jahr Lohnsteuer in Höhe von 7.130,00 € einbehalten wurde. Die Einkommensteuer kann mit einem Online-Steuerrechner ermittelt werden.

| **Einkommensteuererklärung** | | | |
|---|---|---|---|
| **Einkünfte/Abzüge** | Ehemann | Ehefrau | Zusammen |
| + Bruttoarbeitslohn | | | |
| – Werbungskosten | | | |
| **= Einkommen aus nichtselbstständiger Arbeit** | | | |
| + Zinseinkommen | | | |
| – Sparer-Pauschbetrag | | | |
| **= Einkünfte aus Kapitalvermögen (nicht negativ!)** | | | |
| **= Gesamtbetrag der Einkünfte** | | | |
| – Vorsorgeaufwendungen | | | |
| – Sonderausgaben | | | |
| – außergewöhnliche Belastung | | | |
| **= zu versteuerndes Einkommen (zvE)** | | | |
| **→ Einkommensteuer** | | | |
| + Solidaritätszuschlag | | | |
| – bereits gezahlte Steuer | | | |
| **= Nachzahlung (+)/Erstattung (–)** | | | |

**5** a) Warum muss der Auszubildende Jan Schmidt (siehe S. 44, Aufgabe **2**) keine Steuern zahlen, obwohl seine Ausbildungsvergütung mit 1.050,00 € über dem Grundfreibetrag liegt? Unterscheiden Sie zwischen dem Bruttoentgelt und dem zu versteuernden Einkommen.

b) Recherchieren Sie im Internet, welche Freibeträge in der Steuerklasse I berücksichtigt werden und finden Sie mithilfe eines Steuerrechners heraus, ab welchem Bruttoeinkommen in der Steuerklasse I Steuern gezahlt werden müssen.

c) Lohnt sich für Jan die freiwillige Abgabe einer Einkommensteuererklärung? Bis wann kann er sich ggf. dafür Zeit lassen?

**6** Welche sozialpolitischen Ziele werden verfolgt mit …

a) der Steuerprogression?

b) dem Grundfreibetrag?

## Rechts- und Geschäftsfähigkeit

**1** Beschreiben Sie Aufbau und Inhalt der Geschäftsfähigkeit.

| Geschäftsfähigkeit | | |
|---|---|---|
| geschäftsunfähig | beschränkt geschäftsfähig | voll geschäftsfähig |
|  |  |  |
| damit ist gemeint: | | |
| | | |
| Gültigkeit von Verträgen: | | |
| | Ausnahmen: | |

**2** Entscheiden Sie durch ein Kreuz zwischen natürlicher und juristischer Person und tragen Sie ein, wann die jeweilige Rechtsfähigkeit beginnt und endet.

| | Person | | Rechtsfähigkeit | |
|---|---|---|---|---|
| | natürliche | juristische | beginnt | endet |
| Lehrerin Frederike Kollmar | | | | |
| Schüler Titus Gerber | | | | |
| Ziemers AG | | | | |
| Sportclub e.V. | | | | |
| Klein GmbH, Schlosserei | | | | |
| Malereibetrieb Müller e. K. | | | | |
| Rechtsanwalt Schimanski | | | | |
| Innungskrankenkasse | | | | |
| Baden-Württemberg | | | | |
| Bundesrepublik Deutschland | | | | |
| Stadtsparkasse | | | | |
| Zweirad Marder OHG | | | | |

**3** Testen Sie Ihr Wissen über die Geschäftsfähigkeit, indem Sie das Kreuz an die richtige Stelle setzen.

| Fall | geschäftsunfähig | beschränkt geschäftsfähig | voll geschäftsfähig |
|---|---|---|---|
| Rechtsgeschäfte sind voll wirksam | | | |
| Rechtsgeschäfte von dauernd geistig Beeinträchtigten | | | |
| Kauf mit Taschengeld durch eine 8-Jährige | | | |
| Kauf durch einen 6-Jährigen | | | |
| Kauf durch einen 21-jährigen Rauschgiftsüchtigen | | | |
| Rechtsgeschäfte sind schwebend unwirksam | | | |
| 17-Jähriger schließt Vertrag im Rahmen eines Arbeitsverhältnisses ab | | | |

**4** Beurteilen Sie folgende Fälle hinsichtlich der Geschäftsfähigkeit.

a) Der 6-jährige Fritz hat für seine Mutter eingekauft. Vom Wechselgeld nimmt er sich 2,00 € und kauft sich davon zwei Wundertüten. Die aufgerissenen Tüten bringt die Mutter ins Geschäft zurück und will das Geld wiederhaben. Zu Recht? (Begründung)

........................................................................................................................

........................................................................................................................

........................................................................................................................

b) Die 17-jährige Alexa kauft sich von ihrem ersparten Taschengeld eine Perlenkette zu 2.000,00 €. Der Vater ist mit dem Kauf nicht einverstanden. Er verlangt, dass die Perlenkette von ihr zurückgebracht wird. Der Verkäufer weigert sich, die Perlenkette zurückzunehmen. Wie ist die Rechtslage?

........................................................................................................................

........................................................................................................................

........................................................................................................................

c) Der 12-jährige Mischa hat vom Patenonkel zum Geburtstag ein Mountainbike geschenkt bekommen. Da die Eltern mit dem Patenonkel Streit haben, wollen sie das Fahrrad zurückgeben. Kann Mischa das Bike trotzdem behalten? (Begründung)

........................................................................................................................

........................................................................................................................

........................................................................................................................

d) Die 16-jährige Katharina kauft sich ein Moped. Sie schließt beim Kauf auch gleich die Versicherung ab und bezahlt bar. Ist der Vertrag gültig?

........................................................................................................................

........................................................................................................................

........................................................................................................................

e) Die Eltern des 15-jährigen Elias fordern 50,00 € der Ausbildungsvergütung, die er als Auszubildender bekommt. Dürfen die Eltern das? (Begründung)

........................................................................................................................

........................................................................................................................

........................................................................................................................

........................................................................................................................

f) Der 18-jährige Jens hat den Führerschein bestanden und kauft sich ein Auto für 10.000,00 €. Da er diese Summe nicht aufbringen kann, schließt er mit der Bank der Autofirma einen Teilzahlungsvertrag ab. Seine Eltern sind entsetzt und wollen den Kaufvertrag verhindern. Mit Erfolg?

........................................................................................................................

........................................................................................................................

........................................................................................................................

........................................................................................................................

## Willenserklärung und Rechtsgeschäft

**1** Beschreiben Sie die Willenserklärung und das Rechtsgeschäft durch Ausfüllen der Lücken in folgender Übersicht.

| Willenserklärungen kommen zustande durch | | |
|---|---|---|
| ↓<br>…<br>…<br>z. B.<br>…<br>…<br>…<br>…<br>…<br>… | ↓<br>…<br>…<br>z. B.<br>…<br>…<br>…<br>…<br>…<br>… | ↓<br>…<br>…<br>z. B.<br>…<br>…<br>…<br>…<br>…<br>… |
|  |  |  |

| Willenserklärungen führen zu Rechtsgeschäften | | | |
|---|---|---|---|
| ↓<br>… Rechtsgeschäfte sind<br>Willenserklärungen, die | | ↓<br>… Rechtsgeschäfte sind zwei<br>… | |
| …<br>…<br>…<br>z. B.<br>…<br>…<br>…<br>…<br>…<br>…<br>… | …<br>…<br>…<br>z. B.<br>…<br>…<br>…<br>…<br>…<br>…<br>… | Sie führen zum … und sind<br>ohne Formvorschriften gültig, z. B.<br>…<br>…<br>…<br>…<br>…<br>…<br>… | <br>mit Formvorschriften gültig, z. B.<br>…<br>…<br>…<br>…<br>…<br>…<br>… |

**2** Entscheiden Sie in folgenden Fällen, ob die Willenserklärungen anfechtbar (A) oder nichtig (N) sind und geben Sie für Ihre Entscheidung jeweils eine Begründung.

| Fall | A/N | Lösung des Falls (Begründung) |
|---|---|---|
| a) Der 5-jährige Leo tauscht mit einem 6-jährigen Freund sein ferngesteuertes Auto gegen ein Taschenmesser. | | |
| b) Obwohl der Wagen einen schweren Unfall hatte, wird beim Verkauf die Zusicherung gegeben, dass der Wagen schadenfrei sei. | | |
| c) Der Zirkusclown ruft in die Manege: „Wer sich traut, diesen Esel zu reiten, bekommt eine Million €!" Maria meldet sich. | | |
| d) Frau Meier wird ein Laptop im Wert von 700,00 € angeboten. Sie schließt einen mündlichen Kaufvertrag über die Zahlung von 35 Raten à 22,00 € ab. | | |
| e) In das Preisangebot eines Handwerkers hat sich ein Tippfehler eingeschlichen. Statt 1.199,90 € steht dort 199,90 €. Kunde Müller besteht auf 199,90 €. | | |
| f) Lehmann kauft von Schulze nicht benötigte Ware, weil der ihm droht, andernfalls dem Finanzamt zu melden, dass Lehmann Steuern hinterzogen hat. | | |
| g) Ein Geschäftsmann stellt einen Kassierer ein. Er erfährt erst nachträglich, dass dieser mehrfach wegen Unterschlagung vorbestraft ist. | | |
| h) Herr Klein verkauft pro forma einen Lkw an Herrn Groß, damit dieser Lkw bei der Ermittlung der Insolvenzmasse nicht berücksichtigt wird. | | |
| i) Die Auszubildende Marie soll 20 Druckerpatronen einkaufen. Sie bestellt auf dem Bestellblock 20 Einheiten. Jede Einheit umfasst jedoch schon 10 Druckerpatronen, was sie nicht wusste. | | |

# Grundlagen der Rechtsgeschäfte – Kaufvertrag im Fokus

7

## Abschluss, Erfüllung und Inhalt des Kaufvertrags

**1** Herr Jäger, Inhaber eines „Do-it-yourself“-Geschäfts, hat auf das Angebot der Firma Bravas 20 Bohrmaschinen, Typ XY, bestellt. Mit dieser Bestellung verpflichtet sich Herr Jäger der Firma Bravas gegenüber, die Bohrmaschinen abzunehmen und zu bezahlen, verlangt von Bravas aber auch, dass die Bestellung ordnungsgemäß erfüllt wird. Es ist ein Vertrag zustande gekommen.

a) Wie nennt man einen solchen Vertrag? ..........................................................

b) Durch welche übereinstimmenden Willenserklärungen ist der Vertrag zustande gekommen?

..........................................................................................................................

c) Wie reagiert wohl die Firma Bravas, wenn Herr Jäger ohne vorheriges Angebot 20 Bohrmaschinen, Typ XY, bestellt? ..........................................................

d) Zu welcher Leistung hat sich Herr Jäger verpflichtet?

..........................................................................................................................

e) Welche Verpflichtungen ist die Firma Bravas Herrn Jäger gegenüber eingegangen?

..........................................................................................................................

..........................................................................................................................

**2** Tragen Sie die erarbeiteten Informationen in die folgenden Pfeile ein.

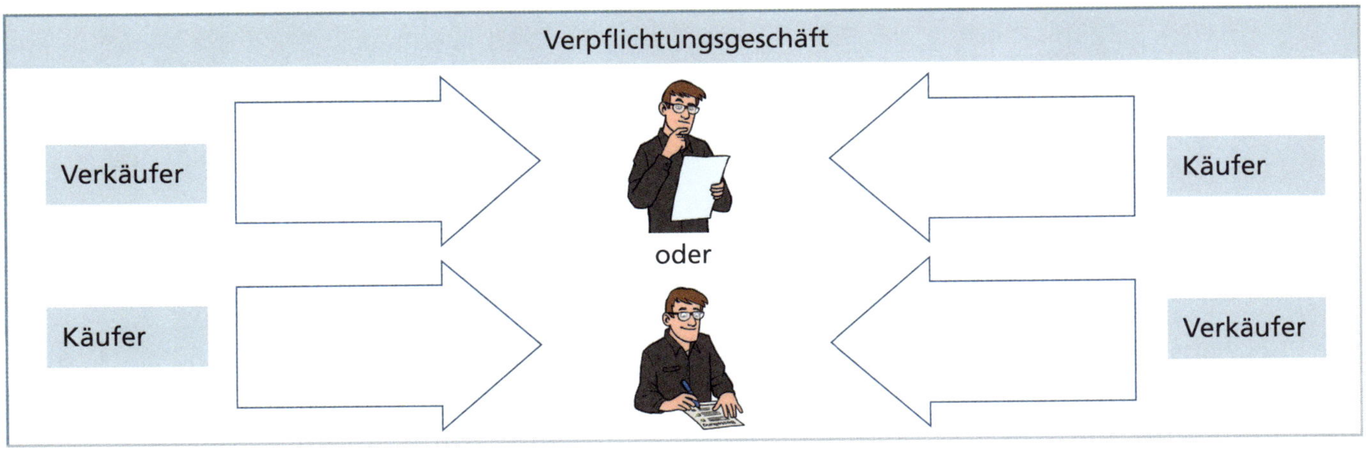


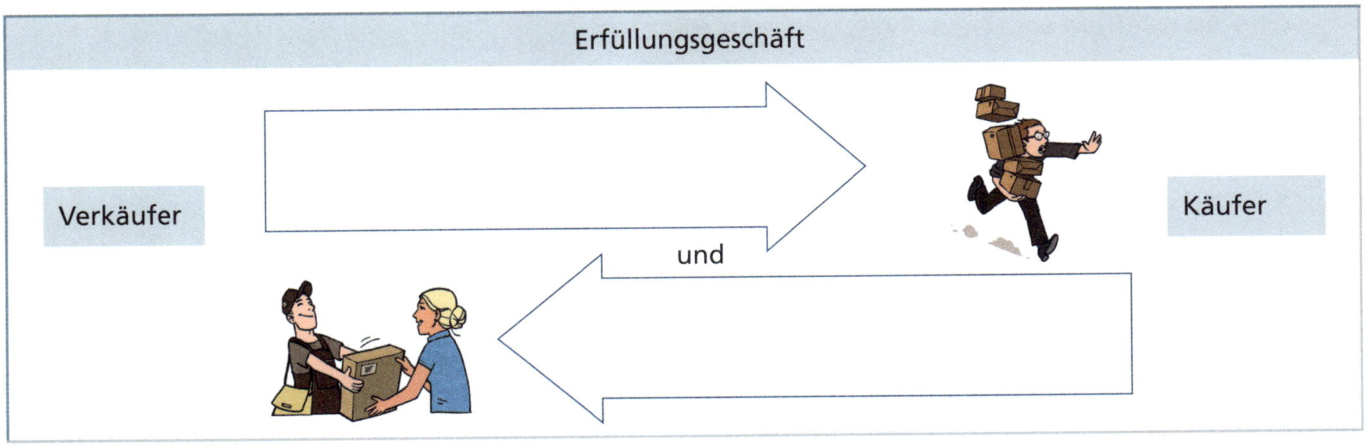

**3** Machen Sie einem Kunden ein Angebot. Es soll ein typisches Angebot aus Ihrem Berufszweig sein.

Name: ..........................................................................

Straße: ..........................................................................

PLZ, Ort: ..........................................................................

Frau

Maria-Aloisia Meier

Hauptstraße 19

12345 Neustadt

## Angebot

Datum: ....................................

Ich darf Ihnen folgendes Angebot machen:

Art: ..........................................................................

Güte und Beschaffenheit: ..........................................................................

..........................................................................

Menge: ..........................................................................

Preis: ..........................................................................

Zahlungsbedingungen: ..........................................................................

..........................................................................

Lieferbedingungen: ..........................................................................

Erfüllungsort: ..........................................................................

Gerichtsstand: ..........................................................................

Geschäftsbedingungen: ..........................................................................

..........................................................................

Ich würde mich freuen, wenn Ihnen dieses Angebot zusagt.

Dieses Angebot gilt einen Monat ab Ausstellungsdatum.

Mit freundlichem Gruß

..........................................................................

## Leistungsstörungen und Mängelrüge beim Kaufvertrag

**1** Ergänzen Sie das Schaubild.

**Störungen bei der Erfüllung des Kaufvertrags**

Verkäufer ← liegen beim → Käufer

a) Die Ware hat Mängel!
= ……………………………………

Rechte des Käufers:

……………………………………
……………………………………
……………………………………
……………………………………

b) Die Ware wird nicht angenommen!
= ……………………………………

Rechte des Verkäufers:

……………………………………
……………………………………
……………………………………
……………………………………

c) Die Ware wird nicht geliefert!
= ……………………………………

Rechte des Käufers:

……………………………………
……………………………………
……………………………………
……………………………………
……………………………………
……………………………………

d) Die Ware wird nicht bezahlt!
= ……………………………………

Rechte des Verkäufers:

……………………………………
……………………………………
……………………………………
……………………………………
……………………………………
……………………………………

**2** Beurteilen Sie folgende Fallbeispiele:

a) Der Kunde hat ein Holzregal zum 25. September dieses Jahres bestellt. Das Regal wird an diesem Tag nicht angeliefert.

……………………………………

b) Eine Zimmerei hat 25 Dachsparren bestellt. Geliefert werden aber nur 20 Dachsparren.

……………………………………
……………………………………

c) Die Kundin ruft den Schreiner an, sie könne das Regal nicht abnehmen, da sie zurzeit leider kein Geld habe.

……………………………………
……………………………………

**3** Gespräch zwischen den Auszubildenden Tim und Samuel:

| | |
|---|---|
| Tim: | Ich hab' mir beim Computerversand einen neuen Laptop gekauft. Absolut spitze! |
| Samuel: | Und was für einen? |
| Tim: | Wart' mal, auf dem Karton steht: „ABC Compact X5DIJ-SX018L 39,6 cm (15,6 Zoll) Notebook (Intel Core i5-7200U 8GB 256GB SSD GeForce 940MX)". |
| Samuel: | Das sagt mir gar nichts. Stell' ihn mal an. Was hat der für ein Betriebssystem geladen? |
| Tim: | Ich glaube, Windows 11. |
| Samuel: | Ist ja klasse, wo kann man ihn einschalten? |
| Tim: | Warte, erst muss ich das Netzteil anschließen, damit der Akku gleichzeitig aufgeladen wird. [Sie schalten ihn ein und warten. Das Betriebssystem lädt hoch, es dauert jedoch über fünf Minuten.] |
| Tim: | Das dauert aber lange. |
| Samuel: | Viel zu lange. (Kurz nachdem das System hochgefahren ist, bricht es wieder zusammen.) |
| Samuel: | Das darf nicht sein! Den würde ich sofort zurückschicken... |

a) Welche Möglichkeiten hat Tim?

..........................................................................................

..........................................................................................

..........................................................................................

..........................................................................................

b) Wer übernimmt die Versandkosten?

..........................................................................................

..........................................................................................

..........................................................................................

..........................................................................................

c) Ein neuer Laptop wird an Tim geschickt. Das Gerät zeigt jedoch das gleiche Problem wie das erste. Tim ist sehr enttäuscht, jetzt will er sein Geld zurück – und zwar sofort. Welche rechtlichen Möglichkeiten hat er nun?

..........................................................................................

..........................................................................................

..........................................................................................

..........................................................................................

d) Tim setzt dem Verkäufer eine Frist von 14 Tagen, um ein einwandfreies Gerät zu liefern. Doch der fristgemäß gelieferte Laptop weist erneut denselben Fehler auf. Welche rechtlichen Empfehlungen würden Sie Tim jetzt geben?

..........................................................................................

..........................................................................................

..........................................................................................

..........................................................................................

**4** Schreiben Sie eine Mängelrüge in Form eines geschäftlichen Briefs (nach den Gestaltungsregeln der DIN 5008) mit diesen Angaben und fügen Sie ihn unten ein.

- am 31. März des Jahres
- mit folgendem Absender: Tim Hoffmann, Hauptstr. 125, 56479 Neustadt
- an folgende Adresse: XXL Computerversand, Adenauerstr. 17, 50996 Köln
- Der Laptop wurde am 24. März geliefert.

# Grundlagen der Rechtsgeschäfte – Kaufvertrag im Fokus

## Mahn- und Klageverfahren

**1** Anne ist nach ihrer Ausbildung als Floristin übernommen worden und hat sich nun eine größere Wohnung gesucht. Die bisherige Wohnung hat sie am 31. Mai ordnungsgemäß übergeben und müsste jetzt von ihrem ehemaligen Vermieter Herrn Gerlach die Kaution in Höhe von 1.000,00 € einschließlich der Zinsen zurückerhalten.

a) Als der Betrag am 15. Juni immer noch nicht bei Anne eingegangen ist, schreibt sie in höflicher Form eine Zahlungserinnerung an Herrn Gerlach. Formulieren Sie diese Zahlungserinnerung in Kurzform:

Anne Töpfer
Stadtstraße 10
70111 Stuttgart

b) Die Zahlung ist auch am 30. Juni noch nicht erfolgt. Jetzt schreibt Anne einen energisch formulierten Mahnbrief mit der Androhung von gerichtlichen Schritten bei weiterer Zahlungsverweigerung. Formulieren Sie auch diesen Brief in Kurzform:

Anne Töpfer
Stadtstraße 10
70111 Stuttgart

c) Begründen Sie, warum es sinnvoll ist, die Rückzahlung der Kaution mit außergerichtlichen Maßnahmen zu erreichen.

**2** Nachdem Anne vergeblich auf den Zahlungseingang gewartet hat, geht sie zum gerichtlichen Mahnverfahren über.

a) Tragen Sie die unten stehenden Begriffe in das Schaubild über den Ablauf des **Mahnbescheids** ein:

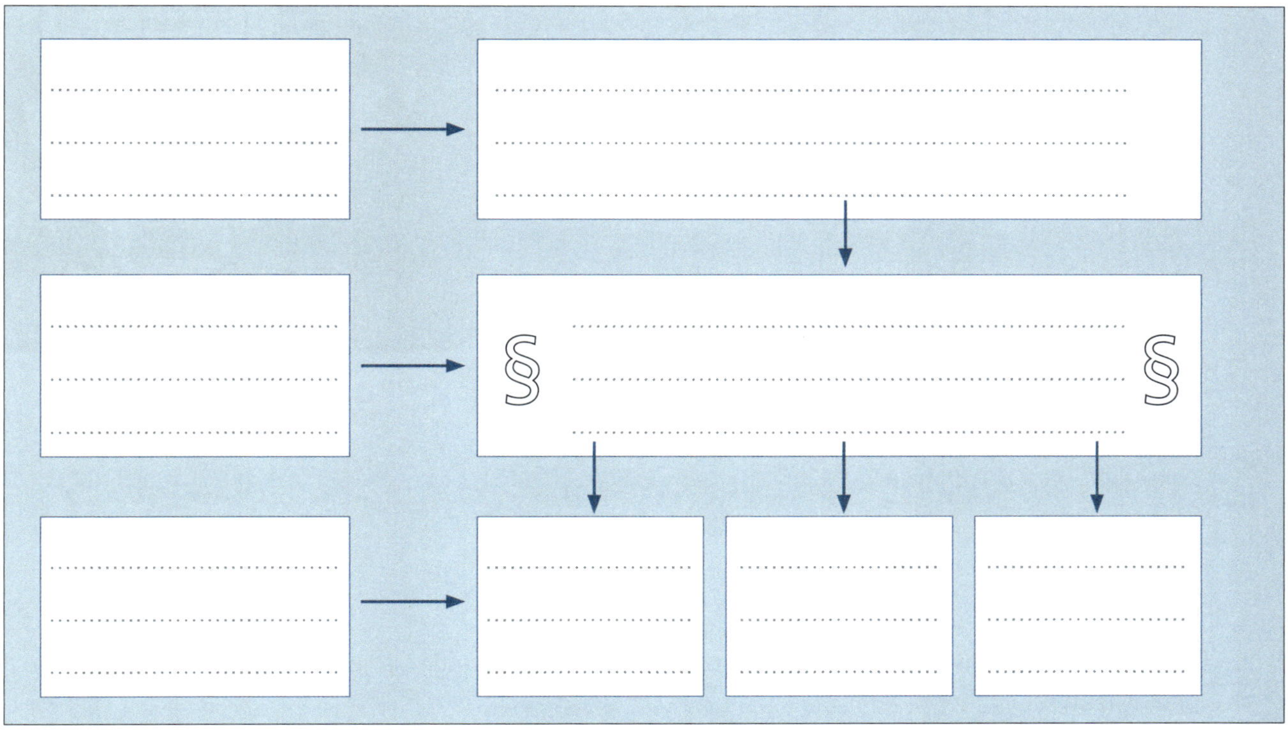


| | | | |
|---|---|---|---|
| • Antragsgegner (Schuldner) | • vollständige Zahlung (Verfahren ist beendet) | • Antrag auf Erlass eines Mahnbescheids an das Amtsgericht | • Widerspruch (solange der Vollstreckungsbescheid nicht erlassen wurde) |
| • Erlass und Zustellung des Mahnbescheids | • Antragsteller (Gläubiger) | • Stillschweigen | • Amtsgericht |

b) Trotz des Mahnbescheids zahlt Herr Gerlach nicht und legt auch keinen Widerspruch ein.
Daraufhin beantragt Anne den Vollstreckungsbescheid.
Füllen Sie den Lückentext über den weiteren Verlauf des Verfahrens mit den unten stehenden Begriffen aus.

Um schneller an ihr Ziel zu kommen, hätte Anne auch sofort .................................... beim Amtsgericht einreichen können. In dem Fall wäre es, genauso wie bei einem .................................... bzw. .................................... durch Herrn Gerlach, zur .................................... vor Gericht gekommen. Geht der .................................... zu Annes Gunsten aus, besitzt sie einen .................................... und kann damit – falls Herr Gerlach immer noch nicht zahlt – einen .................................... beauftragen, die .................................... vorzunehmen. Ist die Pfändung erfolglos, muss der Schuldner auf Antrag des Gläubigers eine wahrheitsgetreue .................................... erteilen und darüber eine .................................... abgeben.

eidesstattliche Versicherung – Einspruch – Gerichtsvollzieher – Klage – mündlichen Verhandlung – Pfändung – Prozess – Vermögensauskunft – vollstreckbaren Titel – Widerspruch

## Verjährung

**1** Aus einem Zeitungsbericht:

> Wenn wir am 31. Dezember um Mitternacht auf das neue Jahr anstoßen, müssen Tausende von Gläubigern ihre Forderungen in den Schornstein schreiben und Tausende von Schuldnern werden auf einen Schlag ihre Schulden los.

a) Warum ist es sinnvoll, dass für bestimmte Forderungen verkürzte Verjährungsfristen gelten?

.......................................................................................................

.......................................................................................................

.......................................................................................................

.......................................................................................................

b) Mit welchen Maßnahmen kann sich der Gläubiger gegen die Verjährung seiner Forderungen schützen?

.......................................................................................................

.......................................................................................................

.......................................................................................................

**2** Kreuzen Sie an, wie lange die Verjährungsfrist im jeweiligen Fall ist.

| | Jahre | | | |
|---|---|---|---|---|
| Art des Anspruchs | 2 | 3 | 5 | 30 |
| Mietforderung von Herrn Gerlach gegenüber der Mieterin Anne Töpfer | | | | |
| Gewährleistung für Mängel an einem Haus | | | | |
| Preisnachlass aufgrund mangelhafter Warenlieferung | | | | |
| vollstreckbarer Titel aufgrund einer Klage | | | | |
| Rechnung des Malermeisters Behringer für das Tapezieren von Annes bisheriger Wohnung | | | | |
| Rechnung des Malergroßeinkaufs für die Lieferung von Tapetenrollen an Behringer | | | | |
| Rückforderung eines Geldbetrags, den Anne ihrem Bekannten geliehen hat | | | | |
| Mängelhaftung (Gewährleistung) nach Kauf eines Autos | | | | |

**3** Anne ist mit der Möbelspedition Möbius umgezogen. Die Umzugskosten betrugen 400,00 €.
Geben Sie an, wann die Forderung der Spedition gegenüber Anne verjährt ist, und begründen Sie Ihre Überlegungen für jede Änderung des Sachverhalts.

a) Die Rechnung der Spedition wurde am 30. April 2024 ausgestellt.

........................................

........................................

........................................

b) Da Anne trotz außergerichtlicher Mahnungen nicht zahlt, beantragt die Spedition am 15. Juli 2025 einen gerichtlichen Mahnbescheid.

........................................

........................................

........................................

........................................

........................................

c) Anne reagiert zunächst nicht auf den Mahnbescheid, leistet aber am 5. August 2025 eine Teilzahlung von 100,00 €.

........................................

........................................

........................................

........................................

d) Am 30. August 2025 erkennt Anne das Bestehen der Restforderung an, bittet aber um Aufschub bis Ende Dezember, da sie in Zahlungsschwierigkeiten ist. (Die Spedition ist gegen Zahlung von 10 % Zinsen damit einverstanden.)

........................................

........................................

........................................

........................................

**4** ANKREUZTEST (jeweils eine Antwort ist richtig):

a) Welche Behauptung zum Neubeginn bzw. zur Hemmung ist richtig?

- ◯ Bei einem Neubeginn verkürzt sich die Verjährungsfrist um die Zeit der Hemmung.
- ◯ Bei der Hemmung verkürzt sich die Verjährungsfrist um die Zeit der Hemmung.
- ◯ Bei einer Hemmung verlängert sich die Verjährungsfrist um die Zeit der Hemmung.
- ◯ Bei einem Neubeginn verlängert sich die Verjährungsfrist um die Zeit der Unterbrechung.
- ◯ Bei der Hemmung beginnt die Verjährungsfrist von Neuem zu laufen.

b) Ein Schuldner hat nach Androhung gerichtlicher Schritte eine Teilzahlung geleistet. Welchen Einfluss hat dies auf die Verjährung?

- ◯ Die Verjährung beträgt jetzt 30 Jahre.
- ◯ Die Forderung kann nicht mehr verjähren.
- ◯ Neubeginn der Verjährung.
- ◯ Die Verjährung wird unterbrochen.
- ◯ Die Teilzahlung hat keinen Einfluss auf die Verjährung.

# 8 Verbraucherschutz

## Verbraucherberatung

**1** Seit Anne nicht mehr bei ihren Eltern wohnt, muss sie sich neben ihrem Job auch noch um ihren kleinen Haushalt kümmern. Bei ihren Einkäufen – ob für den täglichen Bedarf oder bei größeren Anschaffungen – hat sie gemerkt, dass sie meist nicht genügend Zeit hat, Preise und Qualität der verschiedenen Produkte zu vergleichen. Oft fühlt sie sich durch das übergroße Angebot erschlagen und greift zu Produkten, die sie gerade in der Werbung gesehen hat.

a) Begründen Sie, warum die Kunden gegenüber den Herstellern/Anbietern meistens eine schlechte Position haben.

b) Nennen Sie Organisationen und Medien, bei denen Sie sich vor einem Kauf informieren können, und suchen Sie diese im Internet.

**2** Um sich ein bisschen fit zu halten, möchte sich Anne einen Ministepper zulegen. Bei einem unabhängigen Testanbieter findet sie eine Testtabelle dazu (siehe Tabelle nächste Seite).

a) Wie beurteilen Sie die herangezogenen Qualitätskriterien und ihre Gewichtung (Prozentangaben)?

b) Welchen Stepper sollte sich Anne aus Qualitäts- und Preisgründen kaufen?

c) Welche Aufgaben hat die Stiftung Warentest?

| Warentest | | | | | | | |
|---|---|---|---|---|---|---|---|
| **Fitnessgeräte (Stepper)** | | | | | | | |
|  | mittlerer Preis in Euro ca. | Trainieren | Haltbarkeit | Handhabung | Sicherheit | Schadstoffe in Handgriffen | **QUALITÄTSURTEIL** |
| **GEWICHTUNG** | | **45 %** | **20 %** | **20 %** | **10 %** | **5 %** | **100 %** |
| **MINISTEPPER** | | | | | | | |
| **Alex 8100** | 60 | + | + | + | ○ | entfällt | **GUT (2,3)** |
| **Bremshey Step up CP** | 70 | + | + | + | + | entfällt | **GUT (2,4)** |
| **Kettler** Art.-Nr. 7873-600 | 80 | + | + | ○ | + | entfällt | **GUT (2,5)** |
| **Christopeit Sport 9762** | 39 | ○ | + | + | ○ | entfällt | **BEFRIED. (2,6)** |
| **Kettler VARIO** Art.-Nr. 7874-600 | 130 | + | + | ○ | ○ | ⊖ *) | **BEFRIED. (3,0)** |
| **Alex 8701** | 125 | ○ | + | ○ | ○ | ⊖ *) | **BEFRIED. (3,4)** |
| **Schmidt Sportsworld 95.0002** | 69 | ○ | ○ | ○ | ⊖ | ⊖ *) | **AUSREICH. (3,7)** |

**Bewertungsschlüssel der Prüfergebnisse:** ++ = Sehr gut (0,5–1,5), + = Gut (1,6–2,5), ○ = Befriedigend (2,6–3,5), ⊖ = Ausreichend (3,6–4,5), – = Mangelhaft (4,6–5,5).
**Bei gleichem Qualitätsurteil Reihenfolge nach Alphabet.**
***) Führt zur Abwertung.**

d) Welche Wirkung hat ein (positives oder negatives) Testurteil bei den Verbrauchern, Händlern und Herstellern?

### Stiftung Warentest

**Tester dürfen Hautcreme weiter als „mangelhaft" bezeichnen**

Nach dem Berliner Urteil darf die Stiftung Warentest weiterhin die Gesichtscreme des Herstellers „New Face" als „mangelhaft" bezeichnen; es gebe keinen Unterlassungsanspruch für die Firma.

Die Stiftung Warentest, die vor über 50 Jahren gegründet wurde, hat bisher nur einen Schadenersatzprozess verloren – und das, obwohl bereits an die 6.000 vergleichende Tests von Waren und fast 3.000 von Dienstleistungen durchgeführt wurden.

e) Rufen Sie die Internetseite www.test.de auf.

- Welche Themen werden im neuesten Testheft behandelt?

- Sie interessieren sich sehr für einen ganz bestimmten Testbericht. Was kostet der Testbericht im Download? Wie teuer ist das ganze Heft (Download oder Print)? Welche Möglichkeit ziehen Sie vor?

**3** Als Anne ihren Anorak von der Reinigung abholt, muss sie feststellen, dass das beige Innenfutter auf die weiße Jacke abgefärbt hat. Wo kann sie sich zu diesem Fall beraten lassen?

# 8 Verbraucherschutz

## Warenkennzeichnung

**1** Damit Anne (und natürlich jeder andere Verbraucher) bei Lebensmitteln nicht die „Katze im Sack" kauft, muss der Hersteller nach der Lebensmittelinformationsverordnung (LMIV) auf der Verpackung bestimmte Angaben machen.

Um welche Angaben handelt es sich bei dem folgenden Etikett im Einzelnen?

① ..........................................................................

..........................................................................

..........................................................................

② ..........................................................................

..........................................................................

③ ..........................................................................

..........................................................................

④ ..........................................................................

..........................................................................

⑤ ..........................................................................

**2** Die Zusatzstoffe sind häufig mit E-Nummern verschlüsselt. Suchen Sie im Internet unter dem Schlagwort „E-Nummer", „Lebensmittelzusatzstoffe" oder „Konservierungsstoffe" nach deren Bedeutung (es gibt mehrere kommentierte Listen). Prüfen Sie auf diese Weise, ob gesundheitlich bedenkliche Zusatzstoffe in dem obigen Produkt enthalten sind.

..........................................................................

..........................................................................

..........................................................................

**3** Holen Sie sich aus dem Internet Informationen zur „Globalen Artikelnummer" GTIN (Global Trade Item Number; ehemals EAN-Code) und stellen Sie fest, was in diesem Barcode verschlüsselt ist.

..........................................................................

..........................................................................

..........................................................................

..........................................................................

..........................................................................

..........................................................................

..........................................................................

..........................................................................

**4** Um welche Art von Zeichen handelt es sich bei den folgenden Beispielen?
Nutzen Sie die angegebenen Internetadressen oder eine gute Metasuchmaschine (z. B. MetaGer).
Zusammenfassungen finden Sie z. B. unter www.guetesiegel.de, www.ral.de, www.label-online.de

| Zeichen | VDE GS geprüfte Sicherheit | Blauer Engel – Das Umweltzeichen | CE | DIN |
|---|---|---|---|---|
| Bezeichnung | | | | |
| Herausgeber | | | | |
| Kategorie | | | | |
| Bedeutung | | | | |
| Überprüfung/Zulassung | | | | |
| Internet | | | | |

# 8 Verbraucherschutz

## UWG, AGB

**1** Bei einem Einkaufsbummel wird Anne in einem Kaufhaus in vielfältiger Weise umworben. Prüfen Sie mithilfe der Gesetze zum Schutz des Wettbewerbs (UWG, GWB und Preisangabenverordnung), ob die folgenden Werbemaßnahmen zulässig sind:

a) Über Lautsprecher erfährt Anne, dass das Kaufhaus im nächsten Monat sein zehnjähriges Jubiläum feiert und aus diesem Anlass auf alle Waren 10 % Rabatt gewährt.

b) Als Anne nach der Anprobe eines Mantels (Kaufpreis 210,00 €) noch unschlüssig ist, bietet ihr die Verkäuferin einen passenden Schal zum halben Preis (ursprünglicher Preis 40,00 €) an.

c) In der Schreibwarenabteilung möchte sich Anne einen Schreibblock kaufen. Auf einer Werbetafel sieht sie, dass sie 10 Blöcke zum Preis von 9 kaufen kann.

d) Bei ihrem Bummel durch die Multi-Media-Abteilung fällt Anne ein Preisschild für ein Handy für 1,00 € auf. Sollte sie da nicht zugreifen? In der klein gedruckten Fußnote ist der Abschluss eines 2-Jahres-Vertrags vorgeschrieben (sog. Kopplungsgeschäft).

e) Auf einem Plakat in dieser Abteilung liest Anne den Werbetext zu einem Internetradio: „Ein Preisvergleich mit der gegenüberliegenden Konkurrenz lohnt sich nicht; wir sind 50,00 € billiger!"

**2** Beim Kauf eines Regals für ihre neue Wohnung wundert sich Anne über die „uralten" Geschäftsbedingungen des Möbel-Discounters:

**MÖBELMEISTER**

Unsere Geschäftsbedingungen

(a) Die nachstehenden Verkaufs-, Lieferungs- und Zahlungsbedingungen liegen allen unseren Geschäften zugrunde. Abweichende Vereinbarungen oder Ergänzungen werden für uns erst durch unsere ausdrückliche schriftliche Anerkennung verbindlich.
(b) In Ergänzung unserer eigenen AGB gelten die Bedingungen unseres jeweiligen Lieferanten, und zwar auch dann, wenn sie unseren Kunden nicht bekannt sind.
(c) Unsere Angebote und Auftragsbestätigungen sind in jeder Hinsicht freibleibend. Zur Berechnung kommen die am Tage der Lieferung gültigen Preise. Nachberechnungen behalten wir uns vor.
(d) Der Kaufpreis ist unabhängig vom Eingang der Ware und unbeschadet des Rechts der Mängelrüge innerhalb von 30 Tagen ab Rechnungsdatum ohne Abzug zu zahlen. Schecks akzeptieren wir nur zahlungshalber und vorbehaltlich der Einlösung.
(e) Bei Überschreitung der Zahlungsfrist sind wir ohne weitere Mahnung berechtigt, ab Fälligkeit Verzugszinsen in Höhe des Überziehungszinssatzes unserer Hausbank zu verlangen, unbeschadet etwaiger höherer Schadenersatzansprüche.
(f) Aus Sicherheitsgründen behalten wir uns vor, bei Einbauküchen und Schränken, insbesondere mit elektrischer Installation, einmal jährlich eine Sicherheitsprüfung vor Ort vorzunehmen. Dafür stellen wir nur unsere Selbstkosten in Rechnung.

Anne ist skeptisch, ob diese Bedingungen noch mit den AGB-Bestimmungen des BGB (§§ 305–310) übereinstimmen. Prüfen Sie jede Bedingung daraufhin und geben Sie ggf. den Paragrafen an, gegen den verstoßen wird.

a) ..............................

b) ..............................

c) ..............................

d) ..............................

e) ..............................

f) ..............................

## Außerhalb von Geschäftsräumen geschlossene Verträge

Anne möchte sich am Abend mit Freunden treffen, als es plötzlich klingelt und ein Herr Dilger vor der Tür steht und ihr einen außergewöhnlichen Staubsauger – ganz unverbindlich – vorführen möchte. Da Anne sich ohnehin einen Staubsauger kaufen wollte, bittet sie Herrn Dilger in ihre Wohnung und ist dann auch ganz begeistert von diesem neuen Modell. Zwar kommt ihr der Preis von 225,00 € recht hoch vor, aber sie lässt sich dazu überreden, den Kaufvertrag zu unterschreiben. Eine Belehrung über das Widerrufsrecht hat sie nicht erhalten. Als Anne drei Wochen später durch die Elektroabteilung eines Kaufhauses schlendert, entdeckt sie mit Entsetzen, dass das gleiche Modell dort nur 155,00 € kostet. Zuhause verfasst sie sogleich einen Brief, um den Kaufvertrag zu widerrufen und wirft ihn in den Briefkasten ein.

Prüfen Sie den Sachverhalt anhand der Bestimmungen des BGB zu außerhalb von Geschäftsräumen geschlossenen Verträgen (§§ 312b, d und g BGB; Art. 246a EGBGB § 1, Abs. 2).

a) In welchen Situationen finden diese Bestimmungen Anwendung?

b) Welche Vorschrift wurde in diesem Fall offensichtlich nicht eingehalten?

c) Wie lange kann Anne demnach ihre Bestellung widerrufen?

d) Wie kann Anne erreichen, dass sie ihren Widerruf später nachweisen kann?

e) Überlegen Sie, warum der Gesetzgeber diese Vorschriften erlassen hat.

## Fernabsatzverträge

**1** Anne hat sich für ihren nächsten Urlaub in einem Onlineshop einen Rucksack bestellt.

a) Welche Risiken geht Anne beim Onlinekauf gegebenenfalls ein?

**Warenkorb**

| | |
|---|---|
| Anzahl: | 1 |
| Best.Nr.: | 345.206 |
| Bezeichnung: | Alpine II |
| Farbe: | cranberry |
| Größe: | – |
| Einzelpreis: | 39,95 € |
| Gesamtpreis: | 39,95 € |
| Versandkosten: | 2,45 € |
| Gesamtbetrag: | 42,40 € |

**Liefer- und Zahlungsart**

| | |
|---|---|
| Lieferung durch: | GLS Germany |
| Lieferzeit: | 2–3 Werktage |
| Zahlungsart: | Rechnung |

**Adressdaten**

| | | | |
|---|---|---|---|
| Anrede: | Frau | Vorname: | Anne |
| Name/Firma: | Töpfer | PLZ, Ort: | 70111 Stuttgart |
| Straße, HausNr.: | Stadtstr. 10 | E-Mail.: | a.toepfer@gyz.de |
| Telefon: | 0711 – 87654 | | |

b) Welche Angaben sollten in einem Onlineshop mindestens zu finden sein, um sicher zu sein, dass es sich um ein seriöses Angebot handelt?

c) Welche Vorteile und welche Nachteile hat das Onlineshopping gegenüber dem Kauf in einem Fachgeschäft in der Nähe?

| Vorteile | Nachteile |
|---|---|
| | |

(Fortsetzung der Aufgabe auf S. 70)

d) Bevor Anne ihre Bestellung abschicken kann, soll sie noch zwei Optionen anklicken:

- ◯ Die AGB habe ich gelesen und bin damit einverstanden.
- ◯ Ich bin damit einverstanden, dass Sie mich weiterhin per E-Mail über besondere Angebote informieren und meine Daten an befreundete Firmen weitergeben.

Sollte Anne diese Optionen anklicken?

........................................................................................................................................

........................................................................................................................................

........................................................................................................................................

........................................................................................................................................

e) Da Anne der zugesandte Rucksack doch nicht gefällt, widerruft sie den Kaufvertrag fristgerecht. Zu ihrer Bestürzung muss sie aber feststellen, dass sie die Kosten der Rücksendung in Höhe von 7,00 € selbst tragen muss und dass ihr 15,00 € Stornogebühren in Rechnung gestellt werden. Hat sie da doch etwas übersehen? Prüfen Sie die Rechtmäßigkeit dieser Forderung.

........................................................................................................................................

........................................................................................................................................

........................................................................................................................................

........................................................................................................................................

**2** Prüfen Sie anhand der §§ 13 und 312 c BGB, ob in den folgenden Fällen ein Vertragsabschluss nach dem Fernabsatzrecht vorliegt.

| Sachverhalt | Fernabsatz | | Begründung |
|---|---|---|---|
| | Ja | Nein | |
| Anne bestellt für ihren Arbeitgeber FlorPrima Büromaterial in einem Onlineshop. | | | |
| Anne bestellt für sich beim „Otto-Versand“ eine schicke Bluse mit einer Bestellkarte. | | | |
| Annes Freund bestellt beim Bäcker am Verkaufstresen zwei „Coffee to go“. | | | |
| Anne bestellt sich im Onlineshop „Modern Music“ eine CD ihrer Lieblingsband. | | | |

Anne hat sich für ihre neue Wohnung zur Dekoration fürs Fenster eine kleine Lampe gekauft (hergestellt in China). Als die Flüssigkeit (es handelt sich um Duftpetroleum) aufgebraucht ist, schaut sie auf der Packung und der Beilage nach, was sie nachzufüllen habe, findet aber keinen Hinweis. Kurzentschlossen greift sie zur Spiritusflasche, die sie (für das Fondue-Rechaud) im Haus hat, und füllt die Lampe nach. Beim Anzünden kommt es zu einer heftigen Verpuffung. Anne verbrennt sich die Arme und der Vorhang am Fenster entzündet sich, kann aber noch rechtzeitig gelöscht werden.

a) Um was für eine Art von Fehler dieses Produkts handelt es sich?
§ 3 (1) ProdHaftG

b) Anne ist eine Woche krankgeschrieben. Vom Verkäufer der Lampe verlangt sie Ersatz für die Heilbehandlungskosten in Höhe von 600,00 €, Schmerzensgeld in Höhe von 1.500,00 € und Ersatz für den verbrannten Vorhang in Höhe von 300,00 €.
Der Verkäufer weigert sich und verweist sie an den Importeur der Lampe – zu Recht?
(§ 4 ProdHaftG)

c) Verlangt Anne die von ihr geforderten Beträge zu Recht?
(§§ 1, 8, 11 ProdHaftG)

## Kreuzworträtsel

Lösen Sie das Kreuzworträtsel zu Grundbegriffen des Kapitels „Verbraucherschutz“.
Schreibweise für Umlaute: Ä = AE, Ö = OE, Ü = UE.

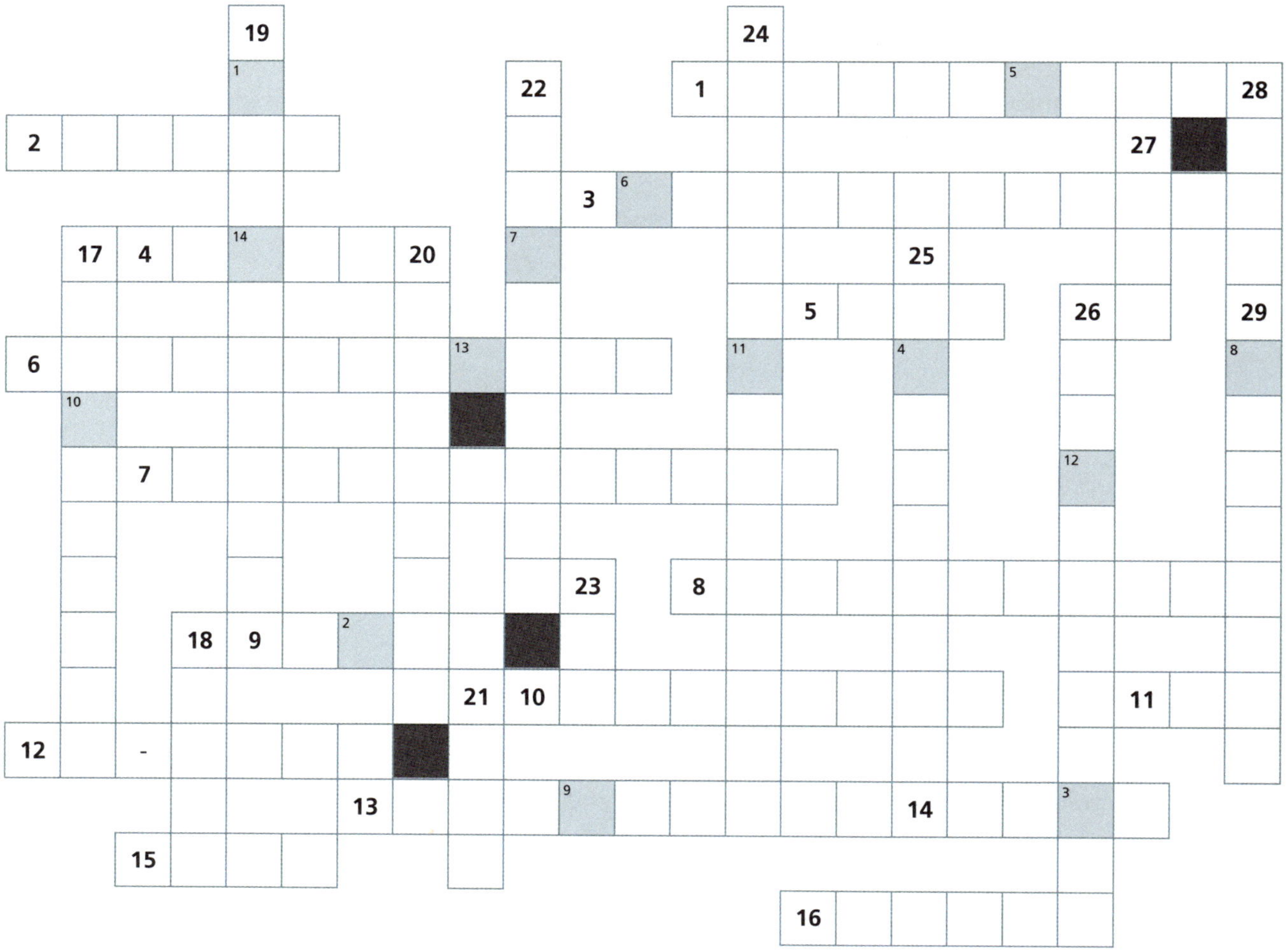


Suchbegriff:
ein wichtiges Recht bei Verbraucherverträgen

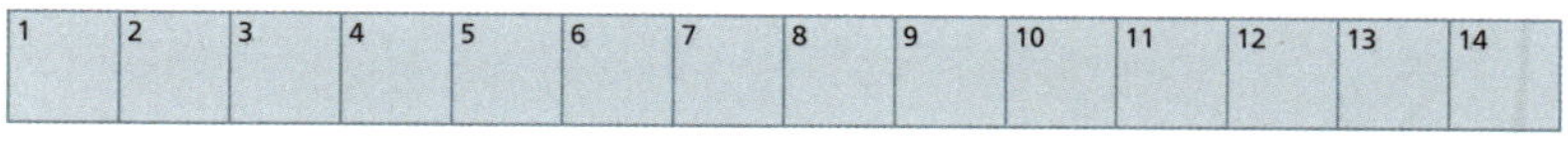


**Waagerecht:** **1:** absichtlich überhöhte unverbindliche Preisempfehlung (UVP) des Herstellers, deren Unterbietung als günstiges Angebot erscheint und so zur Irreführung von Verbrauchern dient **2:** Wirtschaftsgüter, die z. B. in einem Supermarkt zum Verkauf angeboten werden **3:** Folge eines wirksamen Widerrufs bei Fernabsatzverträgen ist die Pflicht zur … der Ware **4:** Global Trade Item Number (Abk.) **5:** das „Kleingedruckte“ (Abk.) **6:** Person, die Verträge zu geschäftlichen Zwecken abschließt **7:** AGB gelten nicht, wenn eine … Absprache besteht **8:** spezielles Wissen auf einem bestimmten Gebiet **9:** Verbrauchermagazin des ZDF **10:** ein Risiko des Ratenkaufs ist die Anhäufung von … **11:** Herkunftsland Deutschland (Abk.) **12:** Möglichkeit zum Vertragsabschluss bei Fernabsatzverträgen **13:** Label für Bio-Lebensmittel **14:** Datenschutzbeauftragter des Bundes (Abk.) **15:** Aufschrift auf Prüfzeichen elektrotechnischer Erzeugnisse **16:** Beim Teilzahlungsgeschäft erfolgt die Zahlung des Kaufpreises in …

**Senkrecht:** **17:** Europäisches Umweltzeichen (Kurzform) **18:** Bundesministerium der Justiz und für Verbraucherschutz (Abk.) **19:** zum Nutzen der Verbraucher schützen Gesetze den fairen … der Marktkonkurrenten **20:** deutsche Verbraucherzeitschrift **21:** Gesetz zur Verbesserung der gesundheitsbezogenen Verbraucherinformation (Abk.) **22:** Verbrauchermagazin der ARD **23:** Aufschrift der Produktkennzeichnung „geprüfte Sicherheit“ **24:** der Verkäufer fehlerhafter Produkte sieht sich einer gesetzlichen Pflicht zur … ausgesetzt **25:** Kosten, die für die Beratung durch die Verbraucherzentrale anfallen **26:** Schadensart bei der Produkthaftung – hier muss der Geschädigte zuzahlen **27:** Gesetz, das Verbraucher und Marktkonkurrenten insbesondere vor unfairen Werbemaßnahmen schützt (Abk.) **28:** in diesem Gesetzbuch (Abk.) finden sich Regelungen zu AGB, außerhalb von Geschäftsräumen geschlossenen Verträgen, Teilzahlungsgeschäften und Fernabsatzverträgen **29:** andere Bezeichnung für das Geldwesen – auch: ein wichtiger Bereich der Verbraucherberatung

## Zahlungsverkehr

**1** Begründen Sie, warum auch in der heutigen Zeit die Ausstellung einer Quittung (dazu gehört auch ein Kassenzettel!) von großer Bedeutung ist.

..........................................................................................

..........................................................................................

..........................................................................................

..........................................................................................

**2** Füllen Sie den Lückentext zur Kontoeröffnung mit den unten aufgeführten Begriffen aus:

Um am .................... Zahlungsverkehr teilnehmen zu können, möchte der Auszubildende Paul Keller ein .................... eröffnen. Dazu muss er bei der Bank einen .................... vorlegen und .................... der verfügungsberechtigten Personen abgeben. Von der Bank erhält er .................... und ....................-formulare. Außerdem erhält er eine sogenannte .................... . Damit können .................... schneller abgewickelt werden und .................... am Automaten ausgedruckt werden. Da Paul ein regelmäßiges .................... nachweisen kann, wird ihm ein .................... in Höhe von zwei .................... gewährt. Paul weiß, dass er bei .................... seines Kontos einen relativ hohen .................... an die Bank zahlen muss. Andererseits erhält er für .................... auf dem Girokonto keine bzw. nur ganz geringe Zinsen.

| |
|---|
| Guthaben – Girocard – Unterschriftsproben – Bankgeschäfte – Monatsgehältern – Überweisungs- – bargeldlosen – Zinssatz – Girokonto – Einkommen – Personalausweis – Kontoauszüge – Überziehung – Dispositionskredit – Scheck |

**3** Paul kauft sich im Media-Geschäft MEDIACOM ein Smartphone für 125,00 € und bezahlt mit seiner Girocard.

a) Paul muss dazu am Terminal seine PIN eingeben. Welche Bedeutung hat die (vierstellige) PIN?

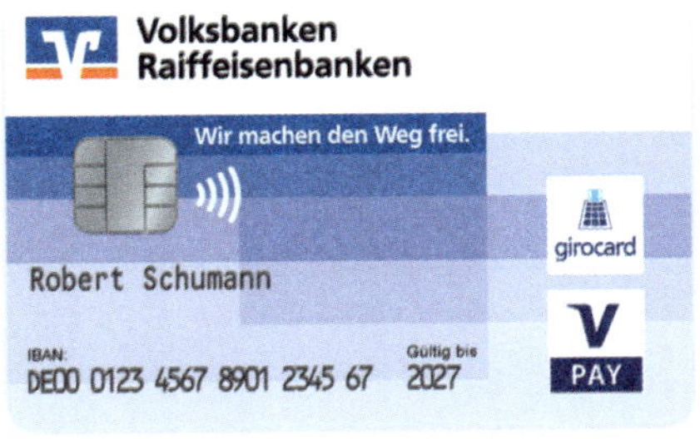

..........................................................................................

..........................................................................................

..........................................................................................

..........................................................................................

..........................................................................................

..........................................................................................

..........................................................................................

..........................................................................................

..........................................................................................

..........................................................................................

(Fortsetzung der Aufgabe auf S. 74)

b) Inwiefern ist die Zahlung mit Girocard plus PIN für die Firma risikolos, aber dafür mit Kosten verbunden?

................................................................................................................................................

................................................................................................................................................

................................................................................................................................................

................................................................................................................................................

................................................................................................................................................

................................................................................................................................................

................................................................................................................................................

c) Welches Risiko geht Paul ein, wenn er die Karte verliert oder sie ihm gestohlen wird? Wie sollte er sich in diesem Fall verhalten?

................................................................................................................................................

................................................................................................................................................

................................................................................................................................................

................................................................................................................................................

**4** Beschäftigen Sie sich mit den folgenden Fällen von Zahlungen:

a) Bezahlung eines Bußgeldes von 10,00€ an die Polizeibehörde
b) vierteljährliche Versicherungsprämie von 30,00€ an die Haftpflichtversicherung
c) monatliche Telefon-/Internetgebühren (in diesem Monat 23,55€)
d) Kauf eines neuen Tennisschlägers für 190,00€ im Sportgeschäft
e) Kauf von Brötchen beim Bäcker um die Ecke (0,75€)
f) Frau Mayer möchte ihrem Urenkel zum Geburtstag 50 € zuschicken.
g) Ein Onlineshop bietet „Paypal" als Zahlungsart für den Kaufpreis von 300 € an.

Entscheiden Sie, welche Zahlungsmöglichkeit im jeweiligen Fall günstig ist, und begründen Sie dies:

| Fall | Barzahlung | Online-Bezahldienst | Verrechnungsscheck | Girocard | Überweisung | Dauerauftrag | Lastschrift | Begründung |
|---|---|---|---|---|---|---|---|---|
| a) | | | | | | | | |
| b) | | | | | | | | |
| c) | | | | | | | | |
| d) | | | | | | | | |
| e) | | | | | | | | |
| f) | | | | | | | | |
| g) | | | | | | | | |

**5** Am Monatsende erhält Paul den folgenden Kontoauszug:

ALPHA BANK

Kontoauszug Nr. 18 vom 30.09.20XX
Paul Keller • Freiburg

IBAN: DE96 6801 1199 0005 6780 03
Kontonummer: 5678003

| Bu.Tg. | Wert | Erläuterungen | Soll | Haben |
|---|---|---|---|---|
| | | Alter Kontostand: | | **360,05 €** |
| 15.09. | 14.09. | Ausbildungsvergütung Schlosshotel | | 855,22 € |
| 17.09. | 17.09. | Überweisung | 10,00 € | |
| 20.09. | 20.09. | Dauerauftrag Haftpflichtversicherung | 30,00 € | |
| 25.09. | 24.09. | Lastschrift Telefon + Internet | 32,55 € | |
| 27.09. | 28.09. | Zahlung mit Girocard | 190,00 € | |
| 28.09. | 28.09. | Verrechnungsscheck Nr. 06 | 50,00 € | |
| 29.09. | 29.09. | PayPal Europe 1028100 | 300,00 € | |
| | | **Neuer Kontostand:** | | **602,72 €** |

BLZ: 68011199 • BIC: ALPHDE71XXX
Kreditlimit: 1.500,00 € • Sollzinssatz: 11,5 %

a) Prüfen Sie, ob die Zahlungen aus Aufgabe **4** (Seite 74) richtig gebucht worden sind:

..............................................................................................................

..............................................................................................................

..............................................................................................................

b) Welche Beträge stehen auf einem Kontoauszug in der Soll- und welche in der Haben-Spalte?

..............................................................................................................

..............................................................................................................

..............................................................................................................

**6** Paul befindet sich mit dem ERASMUS+-Aktionsprogramm der Europäischen Union zur beruflichen Weiterbildung für ein halbes Jahr in Spanien. Sein Vater überweist ihm mit einer SEPA-Überweisung 500,00 € auf sein Konto bei einer spanischen Bank.

a) In welche Länder und in welcher Höhe sind diese EU-Auslandsüberweisungen möglich?

..............................................................................................................

..............................................................................................................

..............................................................................................................

b) Für diese grenzüberschreitende Überweisung werden zwei Nummern benötigt: BIC und IBAN. Was bedeuten diese Abkürzungen?

..............................................................................................................

..............................................................................................................

..............................................................................................................

..............................................................................................................

..............................................................................................................

..............................................................................................................

**7** Die folgenden Piktogramme (Sinnbilder) zeigen, dass nach unterschiedlichen Verfahren gezahlt bzw. Bargeld beschafft werden kann. Geben Sie bei jedem Piktogramm an, auf welche Möglichkeit jeweils hingewiesen wird und wie das Verfahren abläuft.

girocard

PayPal

paydirekt

giropay

## Sparen und Sparförderung

**1** Welche Sparmotive sind bei den folgenden Beispielen zu vermuten?

- Herr Kahn spekuliert mit Aktien. ..................
- Frau Sutter möchte sich ein Cabrio kaufen. ..................
- Familie Zander spart für eine Kreuzfahrt. ..................
- Herr Marbach möchte seinem Junior ein Studium finanzieren. ..................
- Frau Gutmann schließt einen Bausparvertrag ab. ..................
- Herr Scherer schließt eine Lebensversicherung ab. ..................

**2** a) In der nebenstehenden Grafik ist der vereinfachte Wirtschaftskreislauf (Angaben in Tausend Euro) dargestellt.
Ermitteln Sie für die angegebenen Daten die gesamtwirtschaftliche Sparquote.

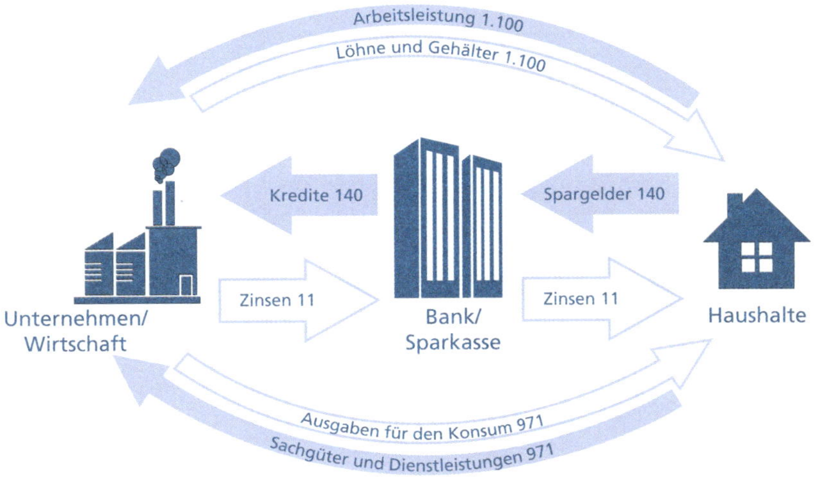


b) Wie ist zu erklären, dass die individuelle Sparquote je nach Einkommenshöhe und Lebensalter der Erwerbsperson sehr unterschiedlich sein kann und von der gesamtwirtschaftlichen Sparquote erheblich abweichen kann?

..................

..................

..................

..................

..................

..................

..................

..................

**3** Die Europäische Zentralbank und die Deutsche Bundesbank versuchen, über den Refinanzierungssatz das allgemeine Zinsniveau und damit das Verhalten der Wirtschaftssubjekte (Unternehmen, Haushalte, Banken, Staat) zu beeinflussen. Nicht immer ändert sich das Verhalten in die gewünschte Richtung.

a) Wie ist es zu erklären, dass Haushalte trotz niedriger Zinsen viel sparen?

.................................................................................................................................

b) In welcher wirtschaftlichen Situation zeigen Haushalte trotz hoher Zinsen wenig Hang zum Sparen?

.................................................................................................................................

c) Unter welchen Umständen werden Unternehmen nicht investieren, trotz günstiger Kreditzinsen?

.................................................................................................................................

**4** Beurteilen Sie die folgenden Sparformen hinsichtlich der genannten Anlagekriterien:

| Sparform | Anlagekriterien | | |
|---|---|---|---|
| | Verfügbarkeit | Ertrag | Sicherheit |
| Sparbuch/-konto<br><br><br><br> | | | |
| Festzinsanleihe<br><br> | | | |
| Aktie<br> | | | |

**5** Auf Kapitalerträge wird die sogenannte Abgeltungssteuer erhoben. Was ist damit genau gemeint?

.................................................................................................................................

.................................................................................................................................

.................................................................................................................................

.................................................................................................................................

**6** Die Ehepartner Bernd und Monika Struwe sind beide berufstätig und haben gemeinsam ein zu versteuerndes Jahreseinkommen von 69.530,00 €. Jeder der beiden Ehepartner hat einen Bausparvertrag und einen Beteiligungssparvertrag abgeschlossen. Das Ehepaar Struwe hat zwei Kinder und möchte nach Möglichkeit die staatlichen Prämien voll ausnutzen.

a) Prüfen Sie, ob das Ehepaar Struwe die Voraussetzungen für die Arbeitnehmersparzulage und für die Wohnungsbauprämie erfüllt. Welche Einkommensgrenzen gelten?

| Obergrenzen für das zu versteuernde Einkommen im Förderjahr 2024 | Ledige | Verheiratete |
|---|---|---|
| Vermögensbildungsgesetz: • Bausparen<br>• Investmentsparen | | |
| Wohnungsbau-Prämiengesetz | | |

..............................................................................................................................

b) Wie viel € brutto darf das Ehepaar maximal verdienen, um noch in den Genuss der Arbeitnehmersparzulage zu kommen?

c) Berechnen Sie anhand folgender Tabelle, wie viel Euro Bernd und Monika Struwe jährlich sparen müssen, um die staatlichen Höchstprämien erhalten zu können.

| | vermögenswirksame Leistungen | | | | Wohnungsbauprämie | | |
|---|---|---|---|---|---|---|---|
| Anlageart | Bausparen (9 % Prämie) | | Beteiligungssparen (20 % Prämie) | | Bausparen (10 % Prämie) | | Summe |
| Arbeitnehmer | Monika | Bernd | Monika | Bernd | Monika | Bernd | – |
| Anlagebetrag in € | | | | | | | |
| Prämienbetrag in € | | | | | | | |

d) Wie sieht es mit den Prämien aus, wenn das Ehepaar mehr spart, und wie, wenn es weniger spart?

..............................................................................................................................

..............................................................................................................................

e) Welche zusätzlichen Vorteile ergeben sich für viele Arbeitnehmer aus ihrem Arbeitsvertrag, aus Betriebsvereinbarungen oder aus ihrem Tarifvertrag?

..............................................................................................................................

..............................................................................................................................

# Umgang mit Geld

## Verbraucherdarlehen

**1** Pauls Vater, Herr Keller, möchte sich ein neues Auto kaufen und das alte in Zahlung geben. Zur Schließung der Finanzierungslücke soll ein Darlehen (= Kredit) in Höhe von 8.000,00 € bei der Hausbank aufgenommen werden (Kreditkonditionen: 7,81 % Zinsen p.a. nominal, Laufzeit 36 Monate). Das Haushaltsbudget der Familie Keller sieht folgendermaßen aus:

Einnahmen:
- Nettoverdienst 3.171,50 €
- sonstige Einkünfte 218,00 €

Ausgaben:
- Lebensunterhalt 1.011,50 €
- Miete + Nebenkosten 827,00 €
- lfd. Kfz-Kosten 286,50 €
- Versicherungen usw. 459,50 €
- sonstige Ausgaben 272,50 €

a) Berechnen Sie den Betrag, der Familie Keller zur freien Verfügung verbleibt.

b) Wie beurteilen Sie die Kreditwürdigkeit der Familie Keller, wenn sonst keine finanziellen Verpflichtungen vorliegen?

c) Sollte Familie Keller nicht besser das alte Auto weiterfahren und erst den Kaufpreis für ein neues Auto ansparen? Wie beurteilen Sie die Kreditaufnahme gegenüber dem Ansparen?

| Vorteile | Nachteile |
|---|---|
| | |
| | |
| | |
| | |
| | |
| | |

d) Welche Bedeutung hat die Bonitätsprüfung für die Bank und für den Kreditnehmer?

e) Zwecks Absicherung der Bank soll eine Sicherungsübereignung des Autos erfolgen. Erklären Sie diese Art der Sicherheit und ihre Abwicklung.

..............................................................................................................

..............................................................................................................

..............................................................................................................

..............................................................................................................

f) Wie hoch wäre die monatliche Rate bei den gegebenen Konditionen? Verwenden Sie zur Berechnung einen Online-Kreditrechner (z.B. www.zinsen-berechnen.de).

| Kreditrechner | | |
|---|---|---|
| Kreditbetrag: | | |
| Laufzeit (LZ): | | Monate |
| Zinsen: | | ............ % pro Monat |
| Gesamtaufwand: | | Kredit + Zinsen |
| mtl. Rückzahlungsrate: | | Gesamtaufwand/LZ |
| → Sollzinssatz: | | p.a. nominal |
| → effektiver Zinssatz: | | p.a. effektiv |

g) Herr Keller überlegt, ob er eine Restschuldversicherung für 32,00 € vierteljährlich abschließen sollte. Wäre dies sinnvoll? Wie würden sich die monatliche Rückzahlungsrate und der Effektivzins ändern?

..............................................................................................................

..............................................................................................................

..............................................................................................................

..............................................................................................................

**2** Der Autohändler wirbt mit einer günstig scheinenden Finanzierung seiner Autokreditbank: → 1,9% Effektivzins → Laufzeit 36 Monate. Barzahlung wäre dem Händler allerdings lieber. Herr Keller hat für diesen Fall einen Barzahlungsnachlass von 10 % ausgehandelt. Die Familie Keller müsste dann allerdings den Kredit (mit den o. g. Konditionen) bei ihrer Bank aufnehmen. Lesen Sie aus der folgenden Tabelle ab, ab welchem Preisnachlass der Kredit der Geschäftsbank günstiger ist als der Kredit der Autobank:

| Nachlass auf den Autopreis in Prozent | | | | | | | | |
|---|---|---|---|---|---|---|---|---|
| Laufzeit in Monaten | Effektivzinssatz der Hausbank | Effektivzinssatz der Autobank | | | | | | |
| | | 0 | 0,9 | 1,9 | 2,9 | 3,9 | 4,9 | 5,9 |
| 12 | 6 | 3,1 | 2,6 | 2,1 | 1,6 | 1,1 | 0,6 | 0,1 |
| | 7 | 3,6 | 3,1 | 2,6 | 2,1 | 1,6 | 1,1 | 0,6 |
| | 8 | 4,1 | 3,6 | 3,1 | 2,6 | 2,1 | 1,6 | 1,1 |
| | 9 | 4,5 | 4,1 | 3,6 | 3,0 | 2,5 | 2,0 | 1,5 |
| 24 | 6 | 5,8 | 5,0 | 4,0 | 3,0 | 2,0 | 1,1 | 0,1 |
| | 7 | 6,7 | 5,9 | 4,9 | 3,9 | 3,0 | 2,0 | 1,1 |
| | 8 | 7,6 | 6,8 | 5,8 | 4,8 | 3,9 | 2,9 | 2,0 |
| | 9 | 8,5 | 7,6 | 6,7 | 5,7 | 4,8 | 3,8 | 2,9 |
| 36 | 6 | 8,5 | 7,2 | 5,8 | 4,4 | 3,0 | 1,6 | 0,1 |
| | 7 | 9,8 | 8,5 | 7,1 | 5,7 | 4,3 | 2,9 | 1,5 |
| | 8 | 11,0 | 9,8 | 8,4 | 7,0 | 5,6 | 4,3 | 2,9 |
| | 9 | 12,2 | 11,0 | 9,6 | 8,3 | 6,9 | 5,9 | 4,2 |

..............................................................................................................

..............................................................................................................

..............................................................................................................

..............................................................................................................

..............................................................................................................

..............................................................................................................

..............................................................................................................

..............................................................................................................

..............................................................................................................

..............................................................................................................

## Überschuldung und Verbraucherinsolvenz

**1** Pauls Schwester Sophie ist mit ihrem Freund Ingo – beide sind Auszubildende im größten Kaufhaus der Stadt – zusammengezogen. Sie haben natürlich unbegrenzte Wünsche und es ist ihnen zunächst auch nicht schwer gemacht worden, diese zu erfüllen. Dann aber kamen einige unerwartete Rechnungen …

a) Was meinen Sie, durch welche Konsumwünsche Sophie und Ingo in die Schuldenfalle geraten sein könnten?

b) Wie konnte es passieren, dass die beiden von unerwarteten Rechnungen überrascht wurden?

c) Wie hätten sich die beiden im Vorhinein vor diesen Problemen schützen können?

**2** Sophie und Ingo haben sich so sehr übernommen, dass sie nicht mehr alle Rechnungen begleichen können und mit der fälligen Zahlung von Kreditraten in Rückstand geraten sind. Ein gangbarer Weg ist in diesem Fall die sogenannte Verbraucherinsolvenz. Klären Sie dazu folgende Fragen:

a) An wen sollten sich Sophie und Ingo wenden, um ihre finanzielle Lage zu klären?

b) Die Insolvenzordnung schreibt vor, dass zunächst eine außergerichtliche Einigung versucht werden muss. Warum wird solch eine Einigung gefordert und wie könnte sie aussehen?

c) Können sich Schuldner und Gläubiger nicht einigen, muss sich der Schuldner die Ablehnung einer außergerichtlichen Einigung bescheinigen lassen und kann jetzt beim Amtsgericht einen Antrag auf Eröffnung eines Insolvenzverfahrens stellen. Wie sieht solch ein Verfahren aus?

..........................................................................................................................................................

..........................................................................................................................................................

..........................................................................................................................................................

..........................................................................................................................................................

d) Welche Pflichten muss der Schuldner in der 3-jährigen Wohlverhaltensphase erfüllen?

..........................................................................................................................................................

..........................................................................................................................................................

..........................................................................................................................................................

..........................................................................................................................................................

..........................................................................................................................................................

e) Stellen Sie das Verfahren einer Verbraucherinsolvenz mithilfe des folgenden Ablaufplans in der richtigen Reihenfolge dar. Folgende Wörter sind ins Schaubild einzusetzen:

Bescheinigung erteilt? – Verfahren ist abgeschlossen – Versuch einer außergerichtlichen Einigung – vereinfachtes Insolvenzverfahren mit 3-jähriger Wohlverhaltensphase – Verfahren ist gescheitert – Versuch erfolgreich? – Antrag auf Eröffnung des Insolvenzverfahrens – Bescheinigung darüber wird beantragt – Verfahren endet mit der Restschuldbefreiung – Mehrheit der Gläubiger stimmt zu? – Schuldner hält Bedingungen ein?

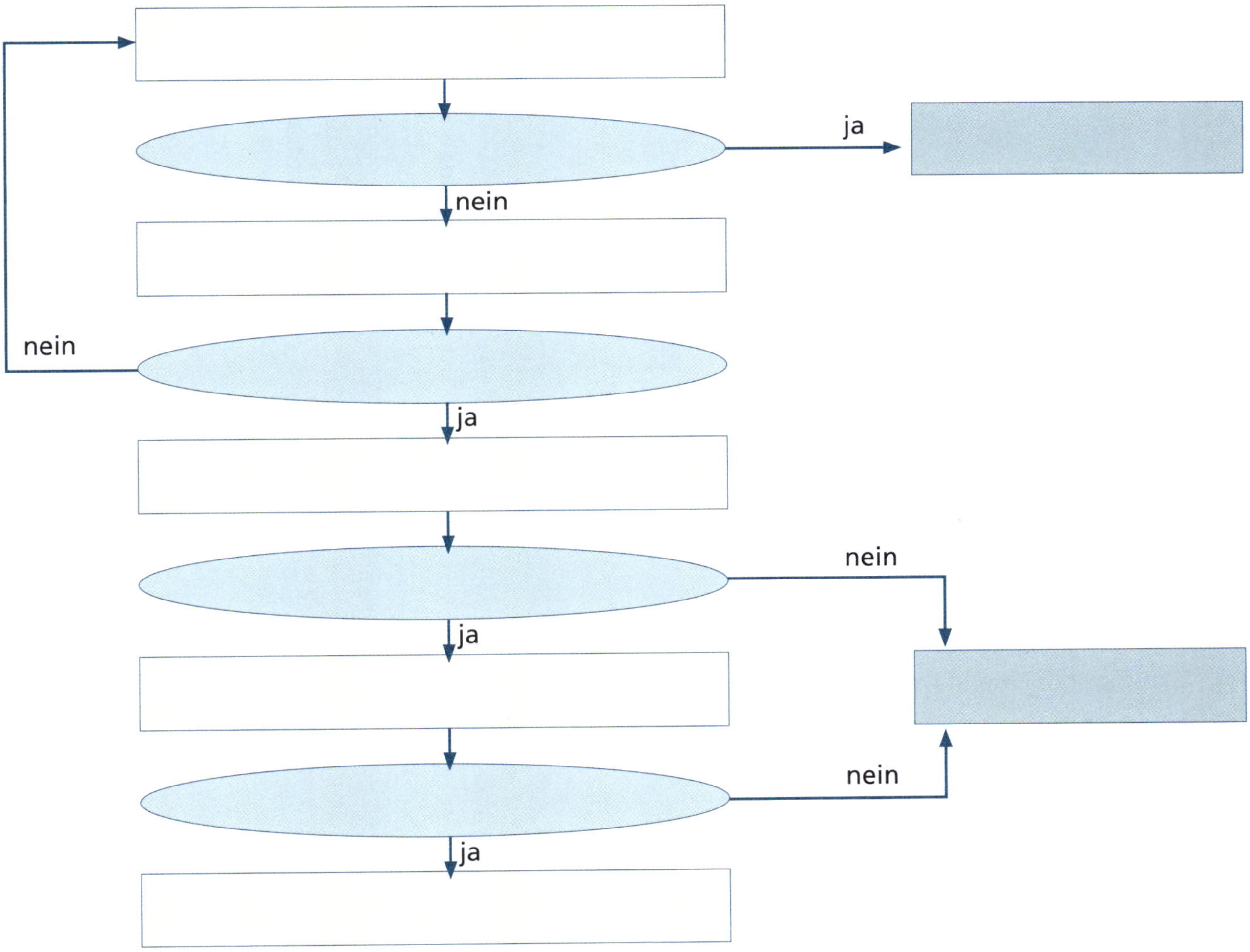

# 10 Märkte und Preisbildung in der sozialen Marktwirtschaft

## Märkte und Marktformen

**1** Zu welchen Marktarten gehören die in den folgenden Bildern dargestellten Sachverhalte?

Marktarten

**2** Welche Marktform liegt in den folgenden Beispielen zugrunde? Kreuzen Sie an.

| Beispiele | Polypol | Angebotsmonopol | Nachfragemonopol | Angebotsoligopol | Nachfrageoligopol |
|---|---|---|---|---|---|
| a) Wochenmarkt in einer Kleinstadt | | | | | |
| b) Automobilmarkt in Deutschland | | | | | |
| c) Verkehrsnetz in einer Großstadt | | | | | |
| d) Kaffeemarkt in Deutschland | | | | | |
| e) Milchwirtschaft in einer Region | | | | | |
| f) kommunale Elektrizitätsversorgung | | | | | |
| g) Rüstungsindustrie in Deutschland | | | | | |
| h) Gebrauchtwagenmarkt | | | | | |
| i) Bau eines neuen Autobahnabschnitts | | | | | |
| j) Verarbeitung von Zuckerrüben | | | | | |

**3** Ergänzen Sie die Lücken zu den Marktformen und nennen Sie rechts die Anzahl der Marktteilnehmer.

**Monopol**

Preisbildung: ………………………………………………

………………………………………………

………………………………………………

Beispiel: ………………………………………………

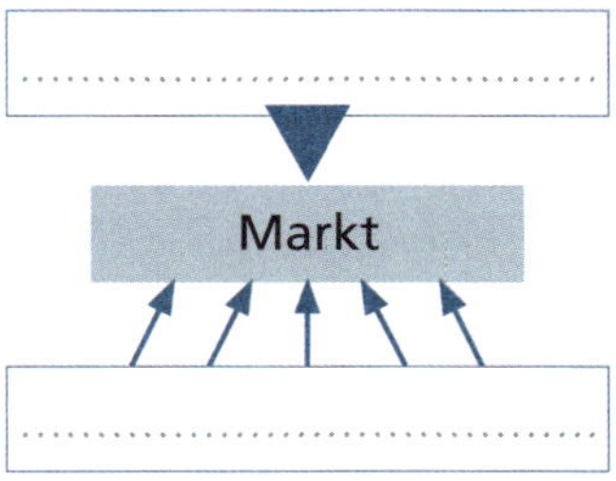


**Oligopol**

Preisbildung: ………………………………………………

………………………………………………

………………………………………………

Beispiel: ………………………………………………

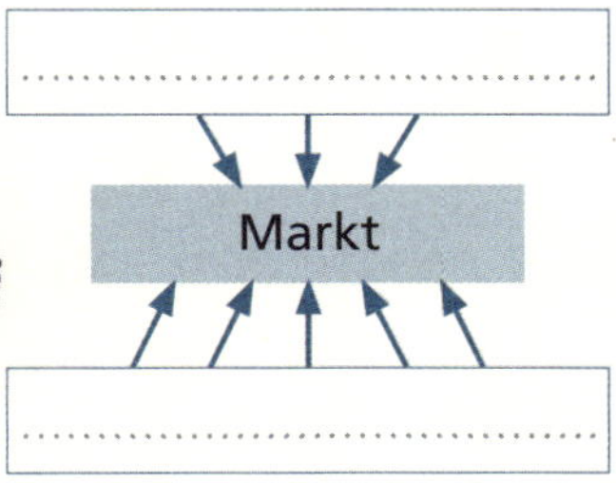


**Polypol**

Preisbildung: ………………………………………………

………………………………………………

………………………………………………

Beispiel: ………………………………………………

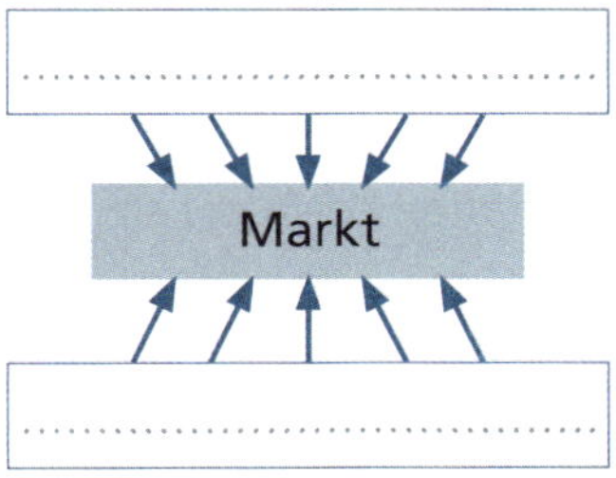


**4** Ergänzen Sie den Lückentext zum Thema „Angebot und Nachfrage". Verwenden Sie dabei die unten stehenden Begriffe.

Der ………… ist der Ort, an dem ………… und ………… zusammentreffen. Die Anbieter wollen zu einem Preis …………, bei dem ihr Gewinn möglichst ………… ist, während die Nachfrager zu einem möglichst ………… Preis ………… wollen und somit mehr kaufen können. Der Markt hat die Funktion, diese unterschiedlichen ………… der Anbieter und Nachfrager mithilfe des ………… auszugleichen. Bei ………… Preis nimmt die Nachfrage zu, aber das ………… sinkt – und umgekehrt sinkt die ………… bei ………… Preis und das Angebot ………… . Die Preisbildung kann sehr gut anhand der Börse dargestellt werden, die einen nahezu ………… Markt darstellt. Dieser ist durch drei wesentliche Merkmale gekennzeichnet:

- Es handelt sich um ein ………… Gut mit gleichbleibender Qualität.
- Es besteht vollständige …………, d. h. alle Anbieter und Nachfrager sind informiert über die notwendigen …………, die für den Abschluss eines Kaufvertrags notwendig sind, und insbesondere kennen sie die ………… und ………… der anderen Marktteilnehmer.
- Es bestehen keine …………, ………… oder ………… Bevorzugungen (Präferenzen) zwischen den Marktteilnehmern.

gleichartiges – Preisvorstellungen – groß – Daten – einkaufen – Preises – Angebot – Angebot – Nachfrage – Nachfrage – persönlichen – steigendem – steigt – sinkendem – zeitlichen – vollkommenen – verkaufen – Marktübersicht – Markt – Mengenvorstellungen – räumlichen – niedrigen – Pläne

# 10 Märkte und Preisbildung in der sozialen Marktwirtschaft

## Preisbildung unter Wettbewerb

**1** Um den Ablauf der Preisbildung darzustellen, gehen wir an die Frankfurter Börse und beobachten die Preisentwicklung für eine Aktie des Unternehmens XY. Verschiedene Nachfrager der Aktie sind an die Börse gekommen und jeder hat eine genaue Vorstellung, wie viel er höchstens bereit ist, für die Aktie zu zahlen (siehe Tabelle Nachfrager). Andererseits sind die Anbieter dieser Aktie ebenfalls mit bestimmten Vorstellungen über Mindestverkaufspreise an die Börse gekommen (siehe Tabelle Anbieter).

a) Errechnen Sie jeweils die gesamte Anzahl der Nachfrager und Anbieter, die zum jeweiligen Kurs kaufen bzw. verkaufen wollen.
(Beachten Sie dabei, dass zu denjenigen Nachfragern, die z. B. nur bereit sind, bei einem Kurs von 603,00 € zu kaufen, noch die Nachfrager hinzukommen, die auch einen höheren Kurs akzeptiert hätten.)

| **Nachfrager** | | insgesamt (aufsummiert) | **Anbieter** | | insgesamt (aufsummiert) |
|---|---|---|---|---|---|
| 9 wollen höchstens zahlen | 599,00 € | ……… | 1 will mindestens erhalten | 599,00 € | ……… |
| 13 wollen höchstens zahlen | 601,00 € | ……… | 7 wollen mindestens erhalten | 601,00 € | ……… |
| 10 wollen höchstens zahlen | 603,00 € | ……… | 12 wollen mindestens erhalten | 603,00 € | ……… |
| 5 wollen höchstens zahlen | 605,00 € | ……… | 5 wollen mindestens erhalten | 605,00 € | ……… |
| 4 wollen höchstens zahlen | 607,00 € | ……… | 6 wollen mindestens erhalten | 607,00 € | ……… |
| 1 will höchstens zahlen | 609,00 € | ……… | 2 wollen mindestens erhalten | 609,00 € | ……… |

b) Tragen Sie die errechnete Gesamtnachfrage bzw. das Gesamtangebot zum jeweiligen Preis (Kurs) als Kurven in das Preis-Mengen-Diagramm ein.

c) Wie heißt der Schnittpunkt der Angebots- und Nachfragekurve?

……………………………………………………………

……………………………………………………………

d) Welche Aussagen lassen sich zu diesem Schnittpunkt hinsichtlich Ausgleich von Angebot, Nachfrage und Gesamtumsatz machen?

……………………………………………………………

……………………………………………………………

……………………………………………………………

……………………………………………………………

……………………………………………………………

**Preis-Mengen-Diagramm**

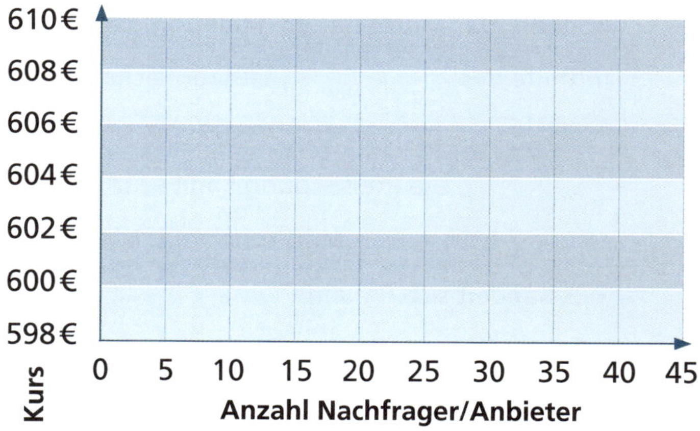


e) Zeichnen Sie einen möglichen Angebotsüberschuss in das Diagramm ein, der sich bei einem Kurs von 607,00 € ergeben würde.

f) Entsprechend auch einen Nachfrageüberschuss, der sich bei einem Kurs von 601,00 € ergeben würde.

g) Erklären Sie mithilfe des Nachfrage- bzw. Angebotsüberschusses, warum sich in diesem Modell immer automatisch der Gleichgewichtspreis einstellen wird.

..............................................................................................................................

..............................................................................................................................

..............................................................................................................................

..............................................................................................................................

..............................................................................................................................

..............................................................................................................................

..............................................................................................................................

**2** Die Preisbildung auf dem vollkommenen Markt geht davon aus, dass die Käufer (Nachfrager) keine besonderen Präferenzen (Vorlieben) haben. Beim täglichen Einkauf sieht das aber meist anders aus. Geben Sie zu jeder Präferenz ein Beispiel aus Ihrem persönlichen Erfahrungsbereich an.

| Präferenz | Beispiel |
|---|---|
| sachlich | |
| persönlich | |
| räumlich | |
| zeitlich | |

**3** Ordnen Sie den Begriffen links durch Verbindungslinien die richtige Beschreibung zu.

| | |
|---|---|
| • Polypol | Der Preis, bei dem sich Angebots- und Nachfragekurve schneiden. |
| • Markt | Die nachgefragte Menge ist niedriger als die angebotene Menge eines Gutes. |
| • Gleichgewichtspreis | Auf dem Markt befinden sich viele Anbieter und viele Nachfrager. |
| • Monopolist | Der Ort, an dem Angebot und Nachfrage zusammentreffen. |
| • Angebotsüberschuss | Verhalten der privaten Nachfrager im Marktgeschehen |
| • Nutzenmaximierung | Dieser Anbieter kann einen höheren Preis erzielen, als bei vollständiger Konkurrenz möglich wäre. |

# 10 Märkte und Preisbildung in der sozialen Marktwirtschaft

## Soziale Marktwirtschaft

Die soziale Marktwirtschaft ist verfassungsrechtlich nicht vorgeschrieben, aber der Gesetzgeber ist an die Grundrechte, das Sozial- und Rechtsstaatsgebot gebunden, d. h. die soziale Marktwirtschaft entspricht am ehesten freiheitlichen und demokratischen Prinzipien.
Vervollständigen Sie in der folgenden Mindmap die Angaben zu den einzelnen Zweigen und Ästen (es fehlen die Benennung des Grundrechts, der zugehörige Artikel aus dem Grundgesetz oder die jeweiligen Inhalte, die das Grundrecht umfasst).

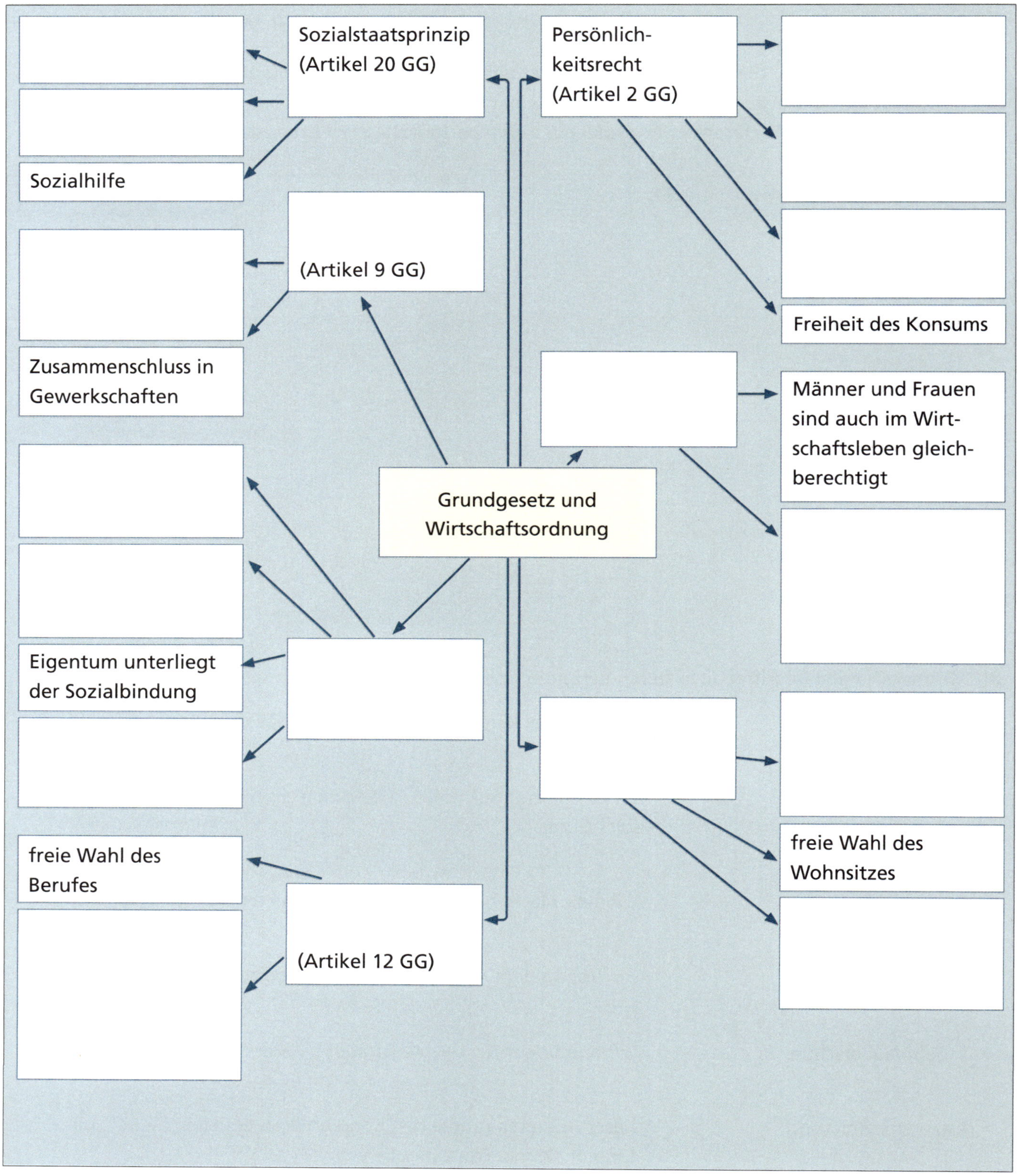

## Wettbewerbsstörungen und Wettbewerbspolitik

**1** Nach § 1 des Kartellgesetzes (Gesetz gegen Wettbewerbsbeschränkungen, GWB) sind Kartelle grundsätzlich verboten. Allerdings gibt es Ausnahmen von diesem Verbot (Legalausnahmen/Freistellungstatbestände).

a) Was versteht man unter der Legalausnahme und wie ist sichergestellt, dass damit kein Missbrauch getrieben wird?

.................................................................................................

.................................................................................................

.................................................................................................

b) Nach § 1 und § 2 GWB sind „abgestimmte Verhaltensweisen" Vereinbarungen zwischen Unternehmen gleichgestellt. Was ist damit gemeint?

.................................................................................................

.................................................................................................

.................................................................................................

.................................................................................................

.................................................................................................

.................................................................................................

**2** Der Zusammenschluss von Unternehmen (Konzernbildung) kann auf unterschiedlichen Wirtschaftsebenen erfolgen. Geben Sie eine Beschreibung, jeweils ein Beispiel und nennen Sie mögliche Vorteile:

| | horizontal | vertikal | gemischt/diagonal |
|---|---|---|---|
| Beschreibung | | | |
| Beispiel | | | |
| Vorteile | | | |

**3** Das nebenstehende Schaubild zeigt, wie stark die Unternehmenskonzentration im deutschen Lebensmittel-Einzelhandel ausgeprägt ist.

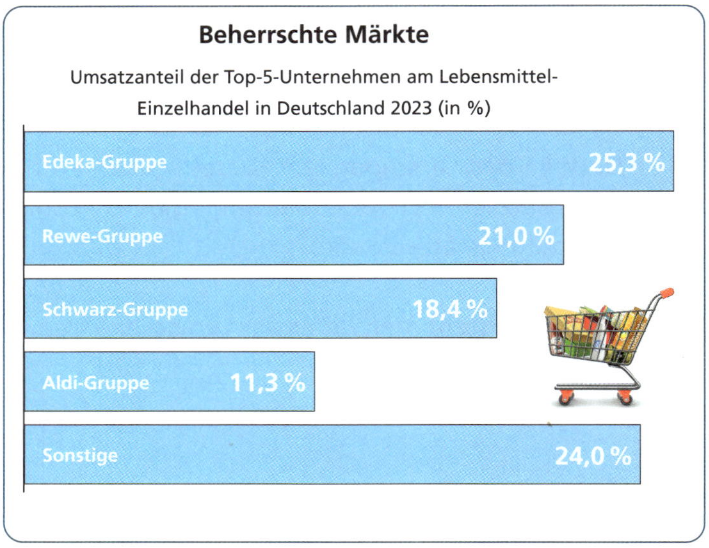


a) Welche Nachteile können sich bei starker Konzentration in einem Wirtschaftszweig für die Kunden ergeben?

b) Obwohl das Kartellamt Fusionen in Fällen von übermäßiger Marktmacht verbieten kann, unterbleibt dies oft genug. Haben Fusionen auch Vorteile?

**4** Unter Globalisierung versteht man die ökonomische, politische und kulturelle Überwindung von (Staats-) Grenzen. In wirtschaftlicher Hinsicht ist damit eine enorme Zunahme des grenzüberschreitenden Handels, der Direktinvestitionen im Ausland, der Internationalisierung der Finanzmärkte und der Produktion verbunden. Tragen Sie in die folgende Tabelle positive und negative Aspekte der Globalisierung ein.

| positive Aspekte | negative Aspekte |
|---|---|
| | |

## Kaufkraftschwankungen und Inflation

**1** Im Mai 1949 wurde die Bundesrepublik Deutschland gegründet. Damals lagen die durchschnittlichen Stundenlöhne bei umgerechnet 0,61 €. Um einen richtigen Vergleich zwischen damals und heute durchführen zu können, ist es notwendig, Löhne und Preise ins Verhältnis zu setzen.
Sie müssen dazu überlegen, wie hoch der Stundenlohn heute ist, und die heutigen Preise der Konsumgüter herausfinden. Dann können Sie die Arbeitszeit berechnen, die heute notwendig ist, um diese Güter zu erwerben.

Hier einige Beispiele:

Der Tariflohn pro Stunde (= 60 Minuten) beträgt zurzeit in Ihrem Beruf? ............................ (Annahme)

| Arbeitszeit für | Arbeitszeit damals | heutiger Preis (ca.) | Arbeitszeit heute |
|---|---|---|---|
| 1 kg Bohnenkaffe | 22 Stunden | | |
| 1 Ei | 20 Minuten | | |
| 1 tiefgekühltes Brathähnchen | 5 Stunden | | |
| 1 kg Butter | 4 Stunden | | |
| 1 Zigarette | 5 Minuten | | |
| 1 0,2-l-Glas Mineralwasser | 17 Minuten | | |
| | | | $= \frac{60 \times \text{heutiger Preis}}{\text{Stundenlohn}}$ |

**2** a) Das Statistische Bundesamt in Wiesbaden ermittelt laufend die Preise für einen Warenkorb, den eine Familie mit mittlerem Einkommen verbraucht. Im Vergleich z. B. gegenüber dem Vormonat, dem Vorjahresmonat oder gegenüber dem Basisjahr wird dann der Preisindex oder auch die Inflationsrate festgestellt.

Errechnen Sie die Preisänderungen in Prozent und den Preisindex für folgende Jahre:

| | Basisjahr 2020 | 2021 | 2022 | 2023 | 2024* | 2025* |
|---|---|---|---|---|---|---|
| Preis des Warenkorbs (in €) | 2.500,00 € | 2.577,50 € | 2.755,35 € | 2.917,92 € | 3.011,29 € | 3.086,57 € |
| Änderung gg. Vorjahr (in %) | | | | | | |
| Änderung gg. Basisjahr (in %) | | | | | | |
| Preisindex (2020 = 100) | | | | | | |

* angenommene Werte

b) Viele Verbraucher haben das Gefühl, dass die Preissteigerungen (Inflation) viel größer sind als die amtliche Statistik ausweist. Wie ist dieser Widerspruch zu erklären?

.....................................................................................................

.....................................................................................................

.....................................................................................................

.....................................................................................................

.....................................................................................................

**3** Tragen Sie in der Übersicht ein, welche Ursachen eine Inflation auf der Nachfrageseite und auf der Angebotsseite haben kann und geben Sie mögliche Folgen der Inflation an.

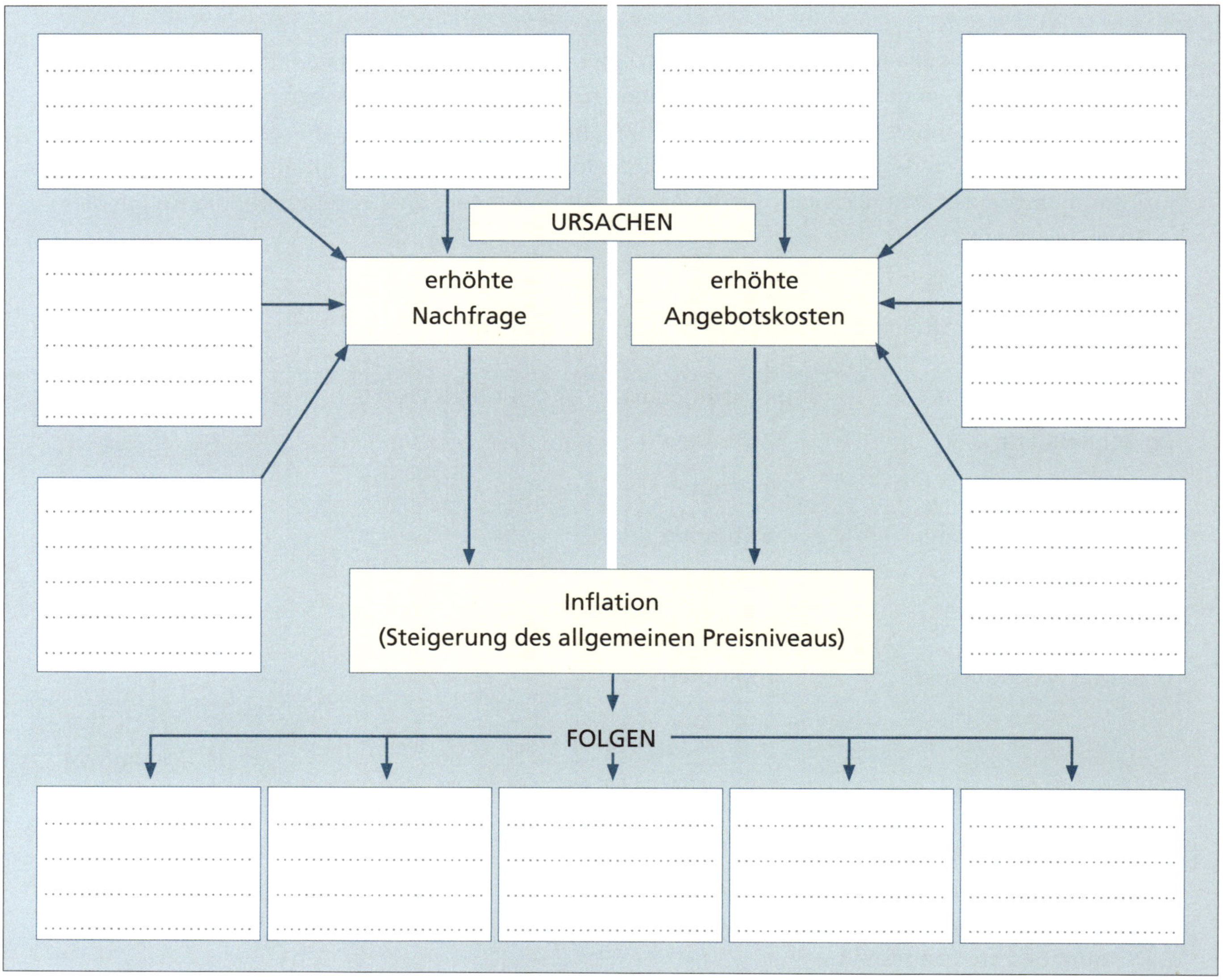


**4** Stellen Sie sich folgende (etwas unrealistische) Situation vor: Es regnet Geld! Jeder hat auf diese Weise so viele Banknoten und Münzen, wie er möchte – wenn er nicht zu faul ist, sie einzusammeln.

a) Was würden Sie mit dem vielen Geld machen?

...........................................................................

...........................................................................

b) Hätten Sie noch Lust zu arbeiten und was meinen Sie, wie sich die anderen Leute verhalten würden?

...........................................................................

...........................................................................

c) Welche Schlussfolgerungen ziehen Sie daraus für das Geldwesen einer Gemeinschaft?

...........................................................................

...........................................................................

...........................................................................

## Das europäische Währungssystem

1

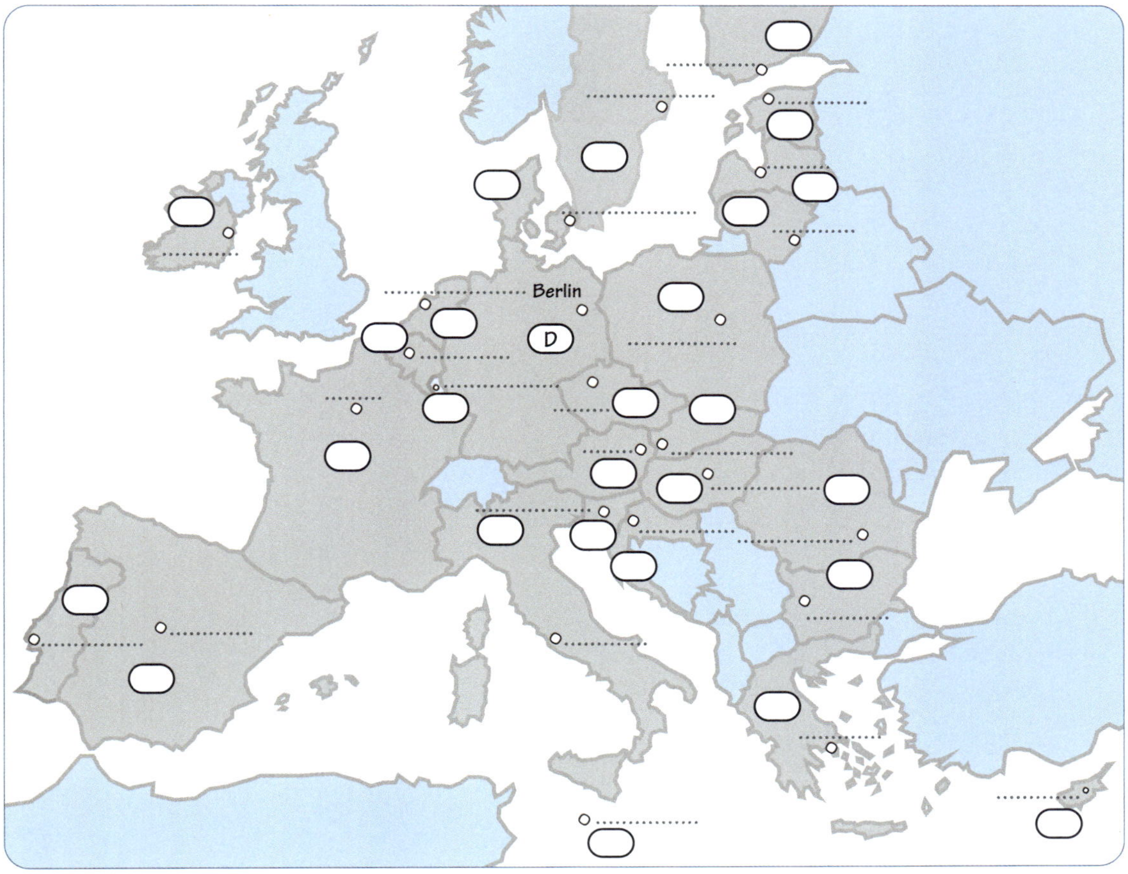


a) Tragen Sie in die Karte die Autokennzeichen der 27 EU-Staaten sowie ihre Hauptstädte richtig ein.

b) Welches sind die 14 „alten" EU-Länder und welches die 13 „neuen" Länder, die seit der „Osterweiterung" 2004 dazu kamen?

.......................................................................................................

.......................................................................................................

.......................................................................................................

c) Am 1. Januar 1999 ist die Europäische Wirtschafts- und Währungsunion (EWWU) in Kraft getreten und seit dem 1. Januar 2002 ist die Währung der teilnehmenden Länder durch den Euro als Bargeld abgelöst worden. Welche 20 EU-Staaten gehören zur Eurozone?

.......................................................................................................

.......................................................................................................

d) Werden die übrigen neuen EU-Staaten in absehbarer Zeit ebenfalls den Euro einführen?

.......................................................................................................

.......................................................................................................

.......................................................................................................

.......................................................................................................

.......................................................................................................

**2** Viele EU-Bürger profitieren von der Einführung des Euro in den Euroländern. Andererseits gab es von Anfang an auch kritische Stimmen. Stellen Sie im Folgenden positive und negative Aspekte der Einheitswährung einander gegenüber.

- Positive Aspekte des Euro:

- Negative Aspekte des Euro:

**3** a) Wie beurteilen Sie anhand der Grafik die Entwicklung des Euro im Verhältnis zum Dollar für einen Touristen?

b) … und wie für eine Firma, die Waren exportiert?

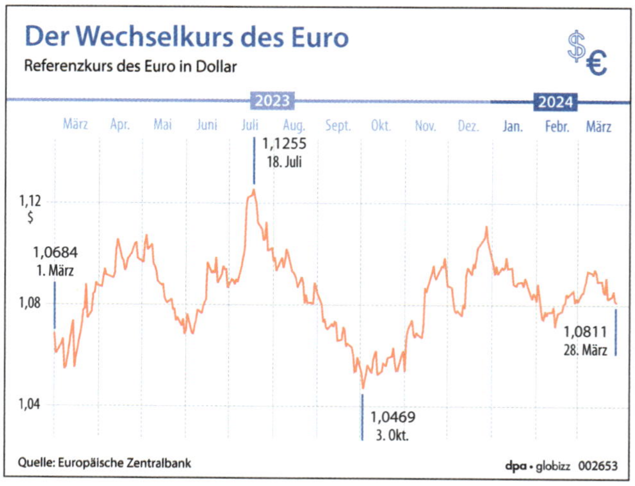

a) Notieren Sie in der Tabelle zu jedem Land die Währungsbezeichnung, die Abkürzung für den „Alltagsgebrauch" und den internationalen Währungscode. Stand der Kurse: 05.04.2024

| Land | Währung | Abk. | internationaler Währungscode | Geldkurs (Ankauf) | Briefkurs (Verkauf) |
|---|---|---|---|---|---|
| USA | | | | 1,0820 | 1,0865 |
| Großbritannien | | | | 0,8573 | 0,8588 |
| Schweiz | | | | 0,9778 | 0,9836 |
| Dänemark | | | | 7,4575 | 7,4598 |
| Japan | | | | 164,1830 | 164,9640 |
| Türkei | | | | 34,5387 | 35,0379 |
| Polen | | | | 4,2560 | 4,2870 |
| Euroländer | | | | – | – |

Hinweis: Beim Währungscode bezeichnen die ersten beiden Buchstaben das Land und der dritte die Währung.

b) Sowohl für den Touristen Paul Keller als auch für den Geschäftsmann Arno Koch haben die Währungsangaben in der obigen Tabelle eine große Bedeutung.
Wie sind die Angaben in den Spalten „Geldkurs" und „Briefkurs" zu verstehen?

Hinweis: Dies bezeichnet man auch als Mengennotierung gegenüber der früher üblichen Preisnotierung.

c) Paul möchte seinen Sommerurlaub in den Schweizer Alpen verbringen. Für diesen Aufenthalt will er 350,00 € in Franken tauschen. Wie viele Franken erhält er?

d) Pauls Chef Herr Arno Koch kommt von einer Geschäftsreise aus London zurück.
Er hat noch 160,00 £ übrig. Wie viel Euro bekommt er dafür?

# 12 Bruttoinlandsprodukt und Wirtschaftspolitik

## BIP als wirtschaftliche Messgröße

**1** a) Was versteht man unter dem BIP?

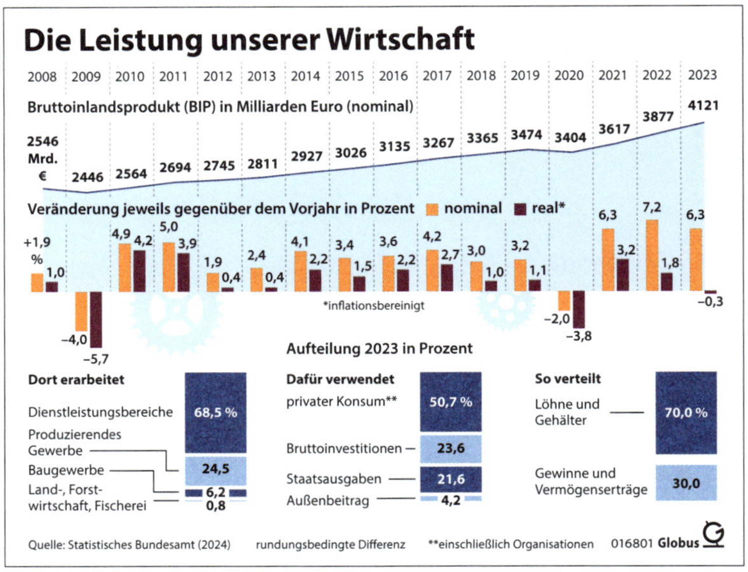


b) Wodurch unterscheiden sich die nominale und die reale Veränderung des BIP?

c) Wie hoch war die Wachstumsrate $p_{nom}$ des nominalen und $p_{real}$ des realen BIP von 2008 bis 2023 insgesamt?

d) Berechnen Sie die durchschnittliche jährliche Wachstumsrate „d" des nominalen und des realen BIP nach der Formel $d = (\sqrt[15]{(p + 100)/100} - 1) \cdot 100$. Vergleichen Sie Ihr Ergebnis mit dem wirtschaftspolitischen Ziel eines stetigen und angemessenen Wirtschaftswachstums (siehe Lehrbuch S. 259).

e) Welche Bedeutung hat eine negative Wachstumsrate?

**2** Das BIP der Bundesrepublik Deutschland betrug im Jahr 2023 4.121.000.000.000 € = 4.121 Milliarden Euro und kann nach folgenden drei Verfahren berechnet werden:

| **Entstehung** (wo erarbeitet?) | |
|---|---|
| Dienstleistungen | |
| produzierendes Gewerbe | |
| Baugewerbe | |
| Land- und Forstwirtschaft | |
| **BIP** | ~ 4.121 Mrd. € |

| **Verwendung** (wofür verwendet?) | |
|---|---|
| privater Konsum | |
| Bruttoinvestitionen | |
| Staatsausgaben | |
| Außenbeitrag | |
| **BIP** | ~ 4.121 Mrd. € |

| **Verteilung** (wie verteilt?) | |
|---|---|
| Löhne und Gehälter | |
| Gewinne und Vermögenserträge | |
| **BIP** | ~ 4.121 Mrd. € |

(geringfügige Abweichungen in den Berechnungen rundungsbedingt)

a) Berechnen Sie die Anteile der einzelnen Wirtschaftsbereiche in Mrd. Euro anhand der Prozentangaben aus der Grafik auf der vorherigen Seite.
Tragen Sie die Ergebnisse Ihrer Berechnungen in die oben stehenden Tabellen ein und überprüfen Sie das jeweilige Endergebnis.

b) Welche Beziehung können Sie zwischen den Wirtschaftssektoren, in denen das BIP erarbeitet wird, und der Grafik „Erwerbstätige nach Wirtschaftssektoren" im Lehrbuch auf S. 253 herstellen?

........................................

........................................

........................................

........................................

........................................

........................................

........................................

........................................

c) Welche Wirtschaftsleistungen gehen nicht in die Berechnung des BIP ein und welche werden berücksichtigt, obwohl sie den Wohlstand eines Landes eher schmälern?

| im BIP nicht berücksichtigt | im BIP berücksichtigt |
|---|---|
| ........................................ | ........................................ |
| ........................................ | ........................................ |
| ........................................ | ........................................ |
| ........................................ | ........................................ |
| ........................................ | ........................................ |
| ........................................ | ........................................ |
| ........................................ | ........................................ |

## Wirtschaftspolitische Ziele

**1** Das Stabilitätsgesetz von 1967 trägt der Bundesregierung auf, bei ihrer Wirtschafts- und Finanzpolitik die Ziele dieses Gesetzes anzustreben.

a) Benennen Sie in dem folgenden Schaubild die im Gesetz genannten ersten vier Ziele und tragen Sie ein, unter welchen Bedingungen diese Ziele als erreicht gelten können.

b) Benennen Sie ebenso die Ziele 5 und 6, die sich in der wirtschaftlichen und politischen Diskussion herausgebildet haben.

**Das magische Sechseck der Wirtschaftspolitik in Deutschland**

1. Ziel

ist erreicht, wenn …

2. Ziel

ist erreicht, wenn …

3. Ziel

ist erreicht, wenn …

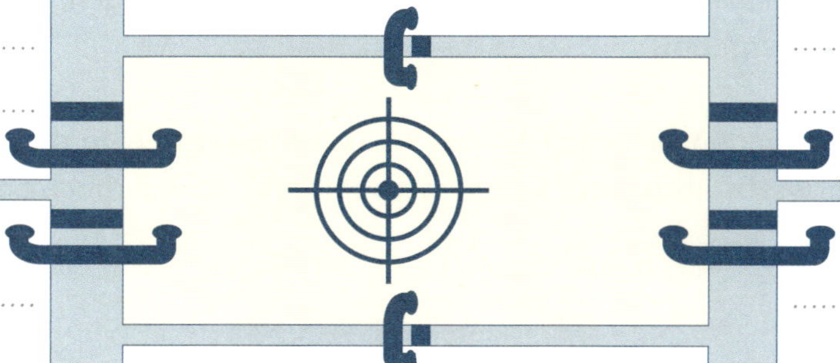

4. Ziel

ist erreicht, wenn …

5. Ziel

ist erreicht, wenn…

6. Ziel

ist erreicht, wenn …

c) Nennen Sie Gründe, warum die genannten vier Ziele um die zwei weiteren Ziele ergänzt worden sind. Gibt es aus Ihrer Sicht noch fehlende Ziele?

d) Beurteilen Sie, wie gut oder schlecht die Ziele des Stabilitätsgesetzes derzeit in der Bundesrepublik erreicht werden.

....................

....................

....................

....................

**2** Stellen Sie anhand zweier Beispiele dar, welche Zielkonflikte sich zwischen einzelnen Zielen des magischen Sechsecks ergeben können.

a) ....................

....................

....................

....................

....................

....................

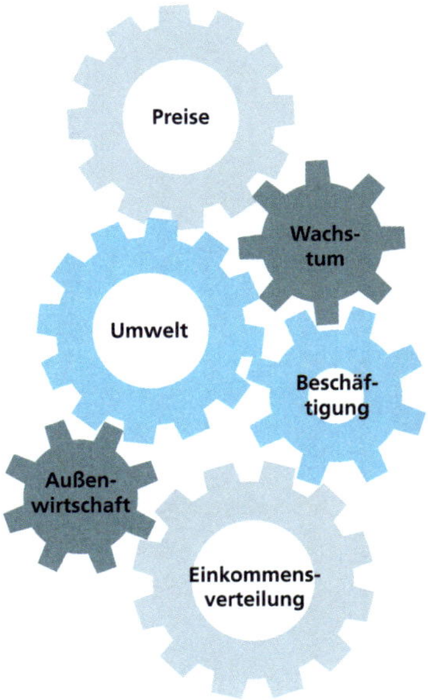


b) ....................

....................

....................

....................

....................

....................

**3** Wodurch werden die folgenden Arten der Arbeitslosigkeit verursacht?

- konjunkturelle Arbeitslosigkeit: → entsteht durch: ....................
- strukturelle Arbeitslosigkeit: → entsteht durch: ....................
- saisonale Arbeitslosigkeit: → entsteht durch: ....................
- Fluktuationsarbeitslosigkeit: → entsteht durch: ....................

**4** Laut „Armuts- und Reichtumsbericht“ der Bundesregierung hat sich die Einkommenssituation der ärmeren Bevölkerungsteile verschlechtert. Welche Maßnahmen könnten ergriffen werden, um eine „gerechtere Einkommensverteilung“ zu erzielen? Nennen Sie Beispiele.

....................

....................

....................

....................

....................

....................

....................

....................

**5** **Vernetzungsdiagramm zum gesamtwirtschaftlichen Gleichgewicht**

Ein gesamtwirtschaftliches Gleichgewicht nach dem Stabilitätsgesetz (Preisniveaustabilität, hoher Beschäftigungsstand, angemessenes Wirtschaftswachstum, außenwirtschaftliches Gleichgewicht) kann nur erreicht werden, wenn die Einflussfaktoren sowie ihre Wirkungsrichtung (positive oder negative Auswirkung) bekannt sind.

a) Verbinden Sie in der folgenden Übersicht die Elemente, die sich beeinflussen, mit einem Pfeil (in Richtung der Einwirkung; ggf. mit einem Doppelpfeil). Versehen Sie diese Pfeile mit einem Pluszeichen bei gleichgerichteter Wirkung (je mehr – desto mehr) und mit einem Minuszeichen bei entgegengesetzter Wirkung (je mehr – desto weniger oder umgekehrt).

b) Diskutieren Sie Ihre Ergebnisse in der Klasse. Begründen Sie jeweils die von Ihnen behaupteten Wirkungen.

Beispiel:
Um die gesamtwirtschaftliche Nachfrage zu erhöhen, kann der Staat seine Nachfrage erhöhen (z. B. Ausgaben für öffentliche Aufgaben), die finanziellen Mittel dazu kann er sich durch Steuererhöhungen besorgen, dies hat aber negative Auswirkungen auf das Preisniveau, den Konsum, die Investitionen usw.

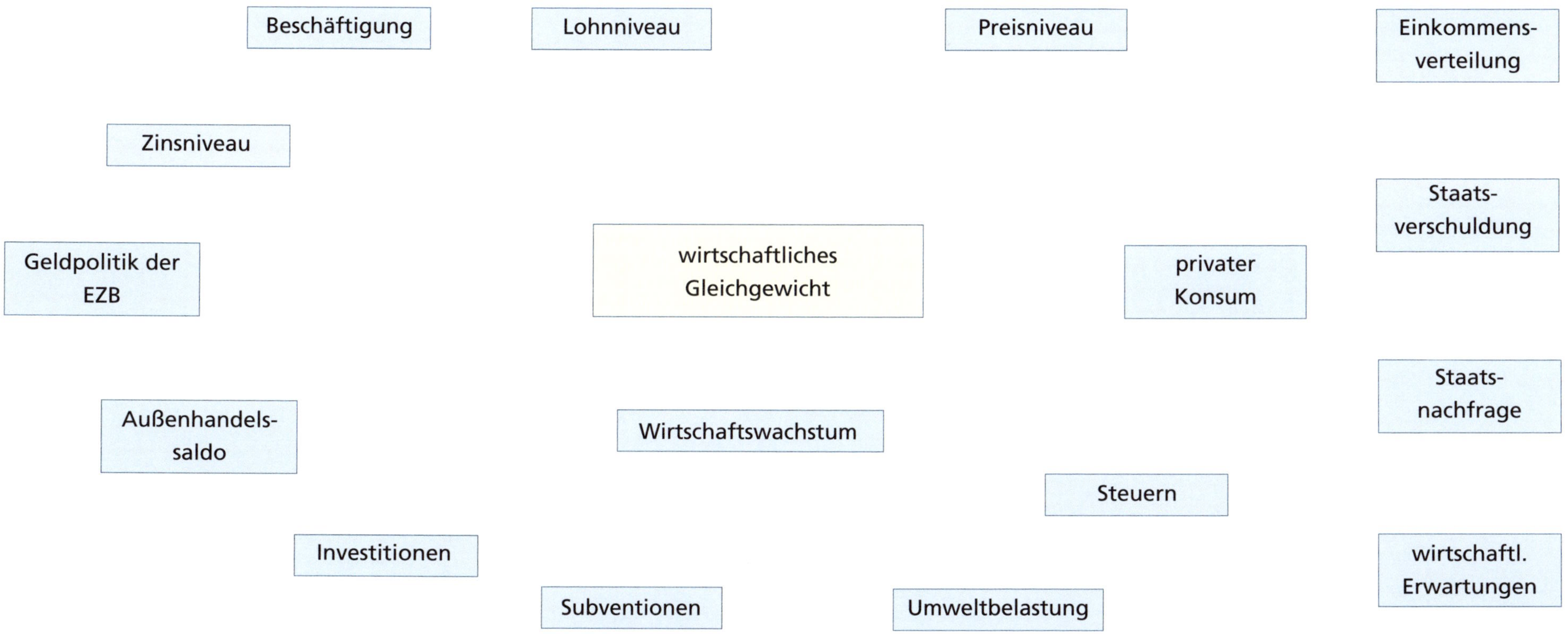

## Konjunktur

**1** a) Beschriften Sie in folgender Zeichnung die Achsen, zeichnen Sie einen idealtypischen Konjunkturzyklus ein und benennen Sie die einzelnen Konjunkturphasen.

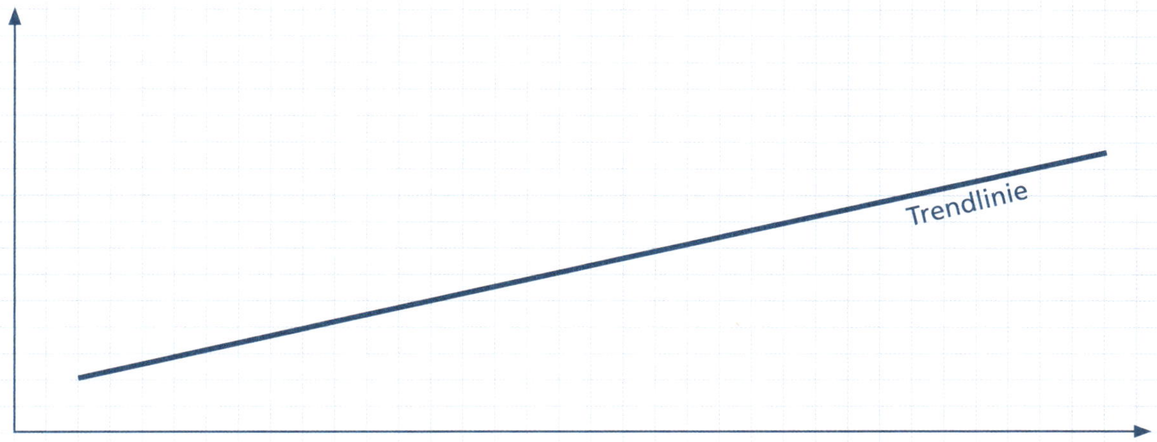


b) Beschreiben Sie stichwortartig, wie sich die einzelnen Merkmale des Marktes in den jeweiligen Konjunkturphasen verhalten.

| | Aufschwung (Expansion) | Hochkonjunktur (Boom) | Abschwung (Rezession) | Konjunkturtief (Depression) |
|---|---|---|---|---|
| Nachfrage | | | | |
| Kapazitätsauslastung | | | | |
| Arbeitslosigkeit | | | | |
| Inflationsrate | | | | |
| Gewinnentwicklung | | | | |

**2** Geben Sie bei den folgenden Aussagen an, ob es sich um eine Maßnahme handelt, die Konjunktur/Wirtschaft anzukurbeln (a) oder sie zu bremsen (b):

| Maßnahme | a/b |
|---|---|
| Staat gewährt eine „Abwrackprämie" bei Kauf eines neuen Autos | |
| Abschreibungsmöglichkeiten der Unternehmen werden eingeschränkt | |
| Staat gewährt Subventionen für bestimmte Unternehmensinvestitionen | |
| EZB erhöht die Zinsen für Kredite | |
| Mehrwertsteuer wird um 2 Prozentpunkte gesenkt | |
| (gesetzliche) Lohnnebenkosten sollen gesenkt werden | |
| Verschuldung des Staates wird abgebaut | |

# 12 Bruttoinlandsprodukt und Wirtschaftspolitik

## Harmonisierung in der Europäischen Union

**1** Am 25. Mai 1957 wurden die Römischen Verträge unterzeichnet, die die Europäische Wirtschaftsgemeinschaft und den Binnenmarkt begründeten. Am 1. Januar 1958 traten sie in Kraft. Güter, Dienstleistungen und das Kapital können seitdem frei innerhalb der Gemeinschaft bewegt werden und die Europäer können in den Partnerländern ihrer Wahl leben und arbeiten.

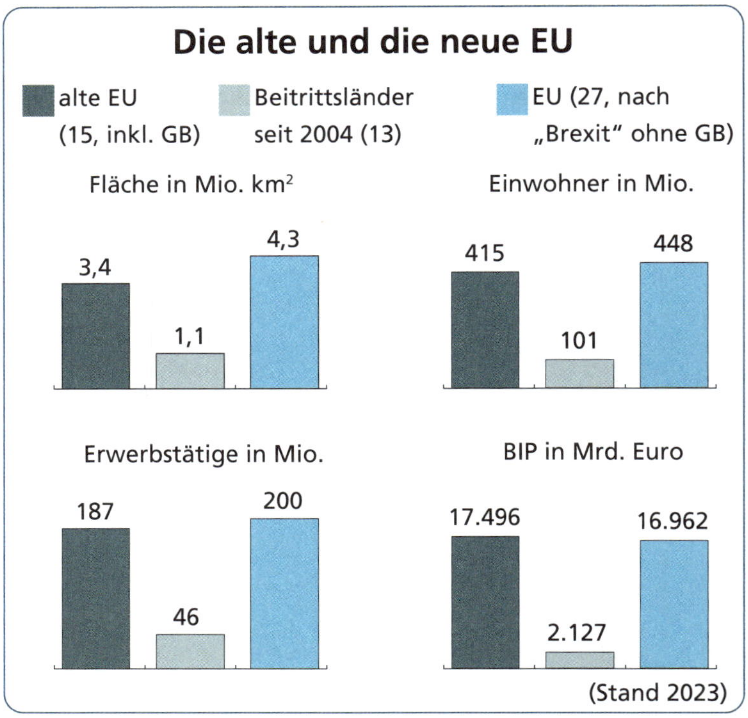


a) Welche Beitrittsländer sind seit 2004 zur „alten" Europäischen Union dazugekommen?

..................................................................................................

..................................................................................................

..................................................................................................

b) Berechnen Sie mithilfe der Angaben aus obiger Grafik die prozentuale Veränderung (EU 27 nach dem „Brexit" gegenüber EU 15):

| | |
|---|---|
| • der Fläche | |
| • der Einwohnerzahl | |
| • der Anzahl der Erwerbstätigen | |
| • des Bruttoinlandsprodukts BIP | |

c) Interpretieren Sie die berechneten Zahlen.

..................................................................................................

..................................................................................................

..................................................................................................

..................................................................................................

..................................................................................................

..................................................................................................

..................................................................................................

..................................................................................................

**2** Ein Ziel der EU für den gemeinsamen Binnenmarkt ist die Beseitigung von Hindernissen, die dem freien Personen- und Güterverkehr im Wege stehen.
Nennen Sie jeweils drei Beispiele für die vier Grundfreiheiten des europäischen Binnenmarkts.

| Personenfreizügigkeit | freier Warenverkehr |
|---|---|
| ........................ | ........................ |
| ........................ | ........................ |
| ........................ | ........................ |
| ........................ | ........................ |
| ........................ | ........................ |
| **Arbeits- und Dienstleistungsfreiheit** | **freier Kapital- und Zahlungsverkehr** |
| ........................ | ........................ |
| ........................ | ........................ |
| ........................ | ........................ |
| ........................ | ........................ |
| ........................ | ........................ |

**3** Füllen Sie mit den unten stehenden Begriffen den Lückentext zu den Institutionen der Europäischen Union (EU) aus:

Der **EU-Ministerrat** ist das ........................ der EU. Er kommt an ........................ zusammen und setzt sich je nach behandelter Thematik aus den zuständigen ........................ zusammen. Je nach Art des Gegenstands beschließt der EU-Ministerrat mit einfacher Mehrheit, einstimmig oder ........................ .

Die **EU-Kommission** ist das ........................ der EU. Sie besteht aus ........................ (aus jedem Land 1 Kommissar) und hat ihren Sitz in ........................ .

Die EU-Kommission ist für die ........................ und die Anwendung der ........................ verantwortlich. Sie hat aber auch ein weitgehendes ........................ , mit dem sie die ........................ vorantreiben kann.

Das **Europäische Parlament** mit Sitz des Plenums in ........................ ist das ........................ der Gemeinschaft. Die seit Februar 2020 regulär ........................ des Parlaments werden in den einzelnen EU-Ländern ........................ gewählt. Seit dem Inkrafttreten des Vertrags von ........................ kann das Europäische Parlament, das bis dahin nur mit ........................ ausgestattet war, in vielen Bereichen der europäischen Politik ........................ und ........................ .

gesetzgebende Organ – Straßburg – ausführende Organ – begrenzten Rechten – Brüssel – wechselnden Tagungsorten – mitentscheiden – direkt – Fachministern – mit doppelter Mehrheit – mitgestalten – Kontrollorgan – 27 Mitgliedern – Entwicklung der Union – EU-Vertragsbestimmungen – Maastricht – Vorschlags- und Initiativrecht – Durchführung der Ratsbeschlüsse – 705 Mitglieder

**4** Die bisherigen Preis- und Absatzgarantien für die Landwirte werden durch die Gemeinsame Agrarpolitik (GAP) nach und nach aufgegeben (Agenda 2000, GAP-Reform).

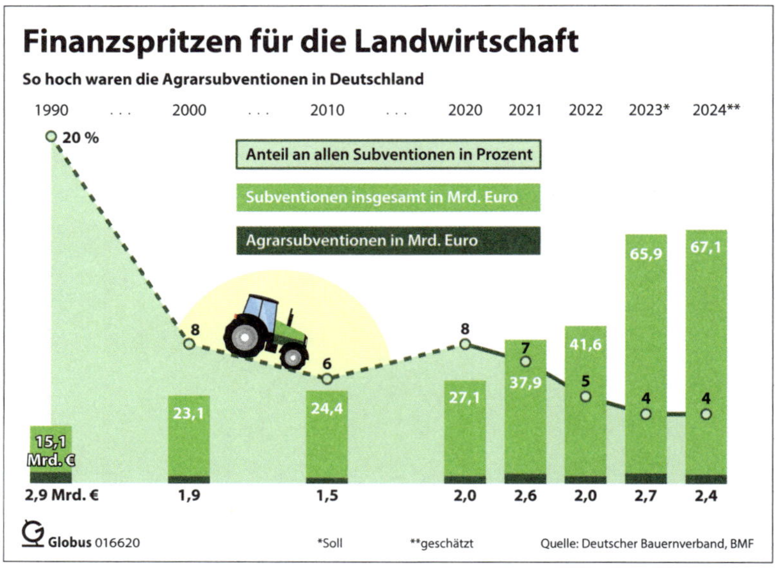


a) Welche Folgen haben hohe Preise in der EU, die weit über dem Weltmarktniveau liegen?

b) Erklären Sie, wieso es durch Preisstützung durch den Staat zur Überproduktion (Butterberg, Weinsee usw.) kommen kann.

c) Warum hat der Staat überhaupt ein Interesse an Einkommensunterstützung (sei es über Preise oder über staatliche Zuschüsse) für die Landwirte?

d) Welches Interesse haben die Nicht-EU-Staaten an der Abschaffung der Preissubventionen?

e) Mit der Weiterentwicklung der GAP sind die Unterstützungszahlungen der EU an die Landwirte von der Erzeugung entkoppelt worden. Stattdessen werden die Zahlungen an die Landwirte als Direktbeihilfen geleistet. Welche Vorteile hat diese Regelung?

## Finanzierung der staatlichen Aufgaben

**1** Steuern lassen sich je nach Steuergegenstand (was wird besteuert?), Erhebungshoheit (wer erhebt die Steuer?) oder Erhebungsart (wie erfolgt die Besteuerung – direkt oder indirekt?) einteilen. Kreuzen Sie in der folgenden Tabelle die richtigen Zuordnungen an (je Zeile drei Kreuze).

| Einteilung der Steuern | Besitzsteuer | Verkehrs-steuer | Verbrauchs-steuer | Bundes-steuer | Länder-steuer | Gemeinde-steuer | Gemein-schaftssteuer | direkte Steuer | indirekte Steuer |
|---|---|---|---|---|---|---|---|---|---|
| Tabaksteuer | | | | | | | | | |
| Lohnsteuer | | | | | | | | | |
| Energiesteuer | | | | | | | | | |
| Grundsteuer | | | | | | | | | |
| Grunderwerbsteuer | | | | | | | | | |
| Umsatzsteuer | | | | | | | | | |
| Körperschaftsteuer | | | | | | | | | |
| Gewerbesteuer | | | | | | | | | |

**2** Steuern erhebt der Staat hauptsächlich, um seine vielfältigen Aufgaben (siehe auch Aufg. **4**) erfüllen zu können. Einige Steuern dienen aber auch dem Umverteilungszweck bzw. als Lenkungsinstrument, um bestimmte Verhaltensweisen zu erreichen. Welche Steuern dienen wozu? Begründen Sie Ihre Einteilung.

| Zweck | Steuer | Begründung |
|---|---|---|
| Einnahmenerzielung | | |
| Umverteilungszweck | | |
| Lenkungsinstrument | | |

**3** Nicht jeder Steuerpflichtige muss seine Steuer selbst an das Finanzamt abführen. Derjenige, der mit einer Steuer finanziell belastet ist, heißt **Steuerträger** und der, der sie tatsächlich an das Finanzamt abführt heißt **Steuerschuldner** (er ist selbst nicht damit belastet, muss sie jedoch weiterleiten).

a) Geben Sie in der folgenden Tabelle an, wer für die jeweilige Steuerart Steuerschuldner bzw. Steuerträger ist.

b) Welche dieser Steuern sind **Quellensteuern** (d. h. die Steuer wird schon an der Entstehungsquelle abgeführt, der Steuerträger braucht sich nicht weiter darum zu kümmern) und welche sind Veranlagungssteuern (d. h. der Steuerträger muss eine Steuererklärung abgeben). Kreuzen Sie an.

| Steuerart | Steuerschuldner | Steuerträger | Quellensteuer | Veranlagungssteuer |
|---|---|---|---|---|
| Lohnsteuer, Kirchensteuer, Solidaritätszuschlag | | | | |
| Gewerbesteuer | | | | |
| Umsatzsteuer | | | | |
| Abgeltungsteuer | | | | |
| Einkommensteuer | | | | |
| Versicherungsteuer | | | | |

**4** Mit den Einnahmen aus Steuern finanzieren Bund, Länder und Gemeinden die vielfältigsten öffentlichen Aufgaben. Nennen Sie für jede Gebietskörperschaft mindestens drei wichtige Aufgaben.

|  Bund |  Länder |  Gemeinden |
|---|---|---|
| | | |
| | | |
| | | |
| | | |
| | | |

# Motive, Chancen und Risiken der Selbstständigkeit 13

## Ziele, Voraussetzungen, Gründungshilfen

**1** Ein Unternehmen oder ein Handwerksbetrieb entsteht nicht an einem Tag, sondern der Existenzgründer benötigt sehr viel Zeit und Überlegungen, um einen neuen Betrieb zu entwerfen, kritisch zu analysieren und nach der endgültigen Entscheidung dann zu errichten. Der Prozess der Gründung nimmt üblicherweise einen Zeitraum von einem halben bis ca. einem Jahr in Anspruch.

Beispiel: Marek Müller hat seine Prüfung zum Bäckermeister bestanden und beabsichtigt, sich selbstständig zu machen. Mit seiner eigenen Bäckerei möchte er natürlich Gewinn machen. Was aber bedeutet Gewinn eigentlich?

Gewinn = ........................................................................................................

**2** Überlegen Sie, wo Bäcker Müller seinen Betrieb unbedingt anmelden muss:

| Wo anmelden? | Was anmelden bzw. beantragen? |
|---|---|
| | |
| | |
| | |
| | |
| | |
| | |

**3** Welche Stellen geben dem Existenzgründer Müller Informationen über Möglichkeiten zur Finanzierung seines Betriebs?

........................................................................................................

........................................................................................................

........................................................................................................

........................................................................................................

**4** Woher kann das Geld für Müllers Unternehmensgründung kommen?

- eigenes Geld von:

  ........................................

  ........................................

  ........................................

- fremdes Geld von:

  ........................................

  ........................................

  ........................................

- staatliches Geld aus:

  ........................................

  ........................................

  ........................................

# 13 Motive, Chancen und Risiken der Selbstständigkeit

## Standort

**1** Nur in Ausnahmefällen verfügt der Gründer über ein eigenes Grundstück mit entsprechendem Gebäude. Leider kann Bäcker Müller nicht auf eine solche Immobilie zurückgreifen. Bei seiner Suche nach einem Standort bedient er sich eines Immobilienmaklers. Dieser nennt ihm nach intensiver Suche drei Geschäftshäuser, in denen die Eröffnung einer Bäckerei möglich wäre:

- in der City: Miete pro Monat € 15.000,–
- in City-Randlage: Miete pro Monat € 5.500,–
- im Vorort: Miete pro Monat € 2.500,–

Neben der Lage und Miete müssen für die Entscheidung zugunsten eines Standortes noch andere Faktoren hinzukommen. Welche sind das?

.................................................................................................

.................................................................................................

.................................................................................................

**2** Es gibt eine Bewertungsmethode, die jedem Unternehmensgründer Hilfestellung bei der Entscheidung gibt: die **Entscheidungsmatrix**.

- **Gewichtung:** Die Einflussfaktoren werden gewichtet von sehr schwach (= 1) bis sehr stark (= 10).
- **Bewertung:** Die Wichtigkeit der Einflussfaktoren wird vom Unternehmer unterschiedlich bewertet von unwichtig (= 1) bis sehr wichtig (= 10).
- Die **Punkte** errechnen sich aus der Multiplikation von Gewichtung und Bewertung.

Der Standort mit der höchsten Punktzahl ist der empfehlenswerteste Standort nach dieser Methode. Nennen Sie 10 Punkte, die für die Standortwahl einer Bäckerei wichtig sind und gewichten und bewerten Sie nach dieser Methode.

| Standorte / Einflussfaktoren | Gewichtung | City | | City-Randlage | | Vorort | |
|---|---|---|---|---|---|---|---|
| | | Bewertung | Punkte | Bewertung | Punkte | Bewertung | Punkte |
| | | | | | | | |
| | | | | | | | |
| | | | | | | | |
| | | | | | | | |
| | | | | | | | |
| | | | | | | | |
| | | | | | | | |
| | | | | | | | |
| | | | | | | | |
| | | | | | | | |
| Summe der Punkte | | | | | | | |
| Rangordnung | | | | | | | |

Bäcker Müller entscheidet sich für den Standort: ..........................................

## Wahl der Rechtsform

**1** Bäcker Marek Müller überlegt, welche Unternehmensform er wählen soll. Er will **Einzelunternehmer** werden.

a) Welchen Namen darf er seiner Bäckerei geben?

b) Wie hoch ist das Kapital, das er zur Gründung aufbringen muss?

c) Welche Vor- und Nachteile ergeben sich aus dieser Entscheidung, Einzelunternehmer zu sein?

| Vorteile | Nachteile |
|---|---|
| | |
| | |
| | |
| | |
| | |
| | |
| | |

Ergänzende Informationen: Rund 60 % aller Unternehmen in der Bundesrepublik Deutschland sind Einzelunternehmen. Diese Unternehmensform findet sich besonders bei kleinen und mittleren Betrieben.

**2** Während des Besuchs der Meisterschule haben Marek Müller und sein Kollege Kai Lehmann darüber gesprochen, sich zusammen selbstständig zu machen. Das wäre für beide finanziell einfacher durchzuführen. Sie könnten diesen Schritt ohne große Formalitäten durchführen.

a) Welche Gesellschaftsform bietet sich an?

b) Wie wird die Gesellschaftsform abgekürzt?

c) Welche Firmennamen darf eine **GbR** führen?

(Fortsetzung der Aufgabe auf S. 110)

d) Welche Haftung übernimmt der jeweilige Gesellschafter?

..............................................................................................................

e) Wer führt eine GbR? ..............................................................................................

f) Welche Vor- und Nachteile ergeben sich aus einer GbR?

| Vorteile | Nachteile |
|---|---|
| ............................................ | ............................................ |
| ............................................ | ............................................ |
| ............................................ | ............................................ |
| ............................................ | ............................................ |
| ............................................ | ............................................ |
| ............................................ | ............................................ |
| ............................................ | ............................................ |

g) Ist die GbR eine sinnvolle Unternehmensform im Handwerk?

..............................................................................................................

..............................................................................................................

..............................................................................................................

**3** Müller überlegt, ob er mit seiner Frau Marlies eine **Kommanditgesellschaft (KG)** gründen soll. Bei dieser Unternehmensform muss er auf bestimmte Besonderheiten achten.

a) Erklären Sie die Begriffe:

- Komplementär: ..............................................................

..............................................................................................................

..............................................................................................................

- Kommanditist: ..............................................................

..............................................................................................................

b) Welche Rechte und Pflichten hat Marlies Müller als Kommanditistin?

| Rechte | Pflichten |
|---|---|
| ............................................ | ............................................ |
| ............................................ | ............................................ |
| ............................................ | ............................................ |
| ............................................ | ............................................ |
| ............................................ | ............................................ |
| ............................................ | ............................................ |
| ............................................ | ............................................ |

**4** Langfristig plant Müller die Ausweitung seines Geschäfts. In den nächsten fünf Jahren will er zwei weitere Filialen gründen. Alle sollen „Brotladen" heißen und als **Gesellschaft mit beschränkter Haftung (GmbH)** geführt werden.

a) Welche Gründe können vorliegen?

..........................................................................................

..........................................................................................

..........................................................................................

b) Wie hoch ist das Stammkapital einer GmbH?

..........................................................................................

c) Welche Organe umfasst die GmbH und welche Aufgaben haben sie?

| Organe | Aufgaben |
|---|---|
| | |
| | |
| | |

**5** Nach ersten Überlegungen kommt Marek Müller zu dem Ergebnis, dass er das Anfangskapital von 25.000,00 € zunächst nicht aufbringen kann. Er hat aber gehört, dass die **Unternehmergesellschaft (haftungsbeschränkt)** eine Möglichkeit bietet, eine GmbH unter bestimmten Bedingungen auch mit geringerem Stammkapital zu gründen.
Beschreiben Sie diese Rechtsform in der folgenden Tabelle (siehe ggf. § 5a GmbH-Gesetz).

| | |
|---|---|
| Name (umgangssprachlich) | |
| offizieller Name | |
| Stammkapital | |
| Rücklagenbildung | |
| Gründung | |
| Gesellschafteranzahl | |

**6** Müller hat 100 Aktien seines Lieblingsvereins. Jährlich bekommt er den Geschäftsbericht zugeschickt.

a) Welche Merkmale kennzeichnen eine **Aktiengesellschaft (AG)**?

.................................................................................................

.................................................................................................

.................................................................................................

.................................................................................................

.................................................................................................

b) Nach welchen Gründungs- und Kapitalbedingungen muss sich die AG richten?

- Grundkapital: ..........................................................................
- Anzahl der Gründer: ..........................................................................
- Vorschrift: ..........................................................................

..........................................................................

c) Welche Organe sind bei der AG wichtig, und welche Aufgaben haben sie?

| Organe | Aufgaben |
|---|---|
| | |
| | |
| | |

d) Welche Rechte haben die Aktionäre?

.................................................................................................

.................................................................................................

e) Welche Möglichkeiten der Gewinnverwendung hat die AG?

.................................................................................................

.................................................................................................

.................................................................................................

**1** Bäcker Müller hat sich für die Räumlichkeiten in der City-Randlage entschieden und muss nun den Kapitalbedarfsplan aufstellen. Die Räume sind deshalb besonders geeignet, da der Vorgänger hier ebenfalls eine Bäckerei führte. Aus dieser Bäckerei konnte einiges, wie z. B. der Backofen und verschiedene Maschinen, für 40.000,00 € übernommen werden.
Die Ladeneinrichtung wird völlig neu gestaltet und ist mit 65.000,00 € veranschlagt. Zu diesem Zweck müssen kleinere Umbauten vorgenommen werden, die mit 10.000,00 € zu Buche schlagen werden.
Die notwendigen Büromöbel wie Schreibtisch, Computer u. Ä. sind bereits vorhanden und müssen nur unwesentlich ergänzt werden (2.000,00 €).
Der vorhandene Klein-Lkw wird zu einem Tageswert von 15.000,00 € ins Geschäft genommen.
Zur Anfangsproduktion der Backwaren müssen Rohstoffe im Wert von 8.000,00 € beschafft werden.
Für die sonstige Warenausstattung werden 1.500,00 € eingeplant.
Ausgaben für Anmeldungen, Eintragungen (z. B. in die Handwerksrolle) werden mit 500,00 € vorgesehen.
Am 1. August soll die Bäckerei eröffnet werden. Für Werbeanzeigen und Flugblätter werden 2.000,00 €, für freien Kuchen und Kaffee am Eröffnungstag werden 1.500,00 € eingeplant.
Anlaufverluste hat Herr Müller mit 25.000,00 € vorgesehen, da er damit rechnet, dass es ca. sechs Monate dauern wird, bis er seinen Sollumsatz erreichen wird.
Als Liquiditätsreserve für unerwartete Kosten werden 10 % des Finanzbedarfs angesetzt.

Herr Müller kommt unter Berücksichtigung dieser Bedingungen zu folgendem **Kapitalbedarfsplan:**

1. Investitionen
   - Baumaßnahmen........................ € ....................
   - Übernahme vom Vorgänger........ € ....................
   - Ladeneinrichtung ...................... € ....................
   - Büromöbel.............................. € ....................
   - Fahrzeug ............................... € ....................
   - Summe ............................................................ € ....................

2. Allgemeine Betriebsmittel
   - Rohstoffe................................. € ....................
   - sonstige Warenausstattung........ € ....................
   - Summe............................................................. € ....................
   - Gründungskosten............................................... € ....................

3. Markteinführungskosten
   - Eröffnungsveranstaltung............ € ....................
   - Erstwerbung............................. € ....................
   - Summe............................................................. € ....................
   - Anlaufverluste.................................................. € ....................

4. Liquiditätsreserve................................................ € ....................

Gesamtkapitalbedarf................................................ € ....................

**2** Marek Müller hat selbst nur relativ beschränkte Mittel zur Verfügung. Sein Sparguthaben beträgt 20.000,00 €, die er zusammen mit dem Klein-Lkw als Sacheinlage in das Gründungsunternehmen einbringt. Marek Müllers Vater ist bereit, mit 40.000,00 € auszuhelfen. Trotzdem wäre Marek nicht in der Lage, die Finanzierung seines Vorhabens sicherzustellen, falls ihm nicht öffentliche Existenzgründungsdarlehen gewährt würden. Die Grundvoraussetzungen sind bei ihm hinsichtlich Alter, fachlicher Qualifikation und zeitlicher Voraussetzung gegeben.
Auf Antrag werden ihm ein ERP-Gründerkredit (**E**uropean **R**ecovery **P**rogram = staatliches Förderprogramm) von 46.000,00 € und eine Startfinanzierung der Landesbank von 28.000,00 € gewährt, zudem ein Kredit der Hausbank i. H. v. 18.550,00 €. Als Kontokorrentkredit (= Kredit für die Überziehung des Geschäftskontos) erhält er noch einmal 20.000,00 €. Stellen Sie den **Finanzierungsplan** auf.

1. Langfristige Finanzmittel
   a) Eigenkapital
      Barmittel ........................................ € ..........................
      Sacheinlagen .................................. € ..........................
      Summe ....................................................................... € ..........................
   b) Fremdkapital
      ERP-Gründerkredit ........................... € ..........................
      Startfinanzierung der Landesbank ... € ..........................
      Bankkredit ....................................... € ..........................
      Summe ....................................................................... € ..........................
2. Kurzfristige Finanzmittel
   Kontokorrentkredit ................................ € ..........................
   Privat-Darlehen ..................................... € ..........................
   Summe ............................................................................. € ..........................

Summe Finanzmittel ........................................................... € ..........................

**3** Die öffentlichen Kredite sind sämtlich während des ersten Jahres tilgungsfrei. Tilgen, d. h. teilweise zurückzahlen, muss Müller im ersten Jahr nur den Bankkredit. Für alle öffentlichen Kredite besteht Zinsbindung über die gesamte Laufzeit, Zinszahlungen sind vom ersten Tag an fällig.
Den Betrag, den Müller am Ende des Jahres an Tilgung und Zins bezahlen muss, nennt man Kapitaldienst. Der Kapitaldienst, den Müller für das 1. Jahr zahlen muss, errechnet sich folgendermaßen:

| geplante Fremdmittel | Kreditbetrag in € | Zinsen pro Jahr % | Zinsen pro Jahr € | Tilgung Anzahl der Jahre | Tilgung pro Jahr € |
|---|---|---|---|---|---|
| ERP-Gründerkredit | .................... | 1,20 | .................... | – | .................... |
| Startfinanzierung der Landesbank | .................... | 1,25 | .................... | – | .................... |
| Bankkredit | .................... | 2,00 | .................... | 5 | .................... |
| Kontokorrentkredit | .................... | 8,00 | .................... | – | .................... |
| | | | .................... | | .................... |
| Kapitaldienst im 1. Jahr | | | | | .................... |

Achtung: Seit Dezember 2020 gibt es zusätzlich für Existenzgründungen im Handwerk die Meistergründungsprämie.

## Betriebliche Kosten

**1** Im Rahmen seiner Unternehmensgründung spricht Bäcker Marek Müller viel mit seinen Freunden Schreinermeister Meninger und Elektromeister Grimm, die bereits seit einiger Zeit selbstständig sind. Hinsichtlich der anfallenden betrieblichen Kosten lässt sich Müller von Meninger und Grimm beraten. Nennen Sie jeweils einige Kosten(arten) und Leistungen der folgenden Betriebe:

| | Kosten | Leistungen |
|---|---|---|
| a) Friseursalon | ........................................ | ........................................ |
| | ........................................ | ........................................ |
| b) Kfz-Werkstatt | ........................................ | ........................................ |
| | ........................................ | ........................................ |
| c) Malerbetrieb | ........................................ | ........................................ |
| | ........................................ | ........................................ |
| d) Bäckerei | ........................................ | ........................................ |
| | ........................................ | ........................................ |

**2** Schreinermeister Meninger hat von einem Baumarkt einen Auftrag über 50 Hobby-Werkbänke erhalten. Er plant, den Auftrag in fünf Monaten fertigzustellen. Dabei rechnet er, dass im ersten Monat sechs Werkbänke erstellt werden können und aufgrund der zunehmenden Erfahrung und Routine in jedem folgenden Monat zwei Stück mehr.

Folgende Daten sind gegeben bzw. hat Herr Meninger errechnet:

- monatliche fixe Kosten für diesen Auftrag ........... 2.150,00€
- variable Kosten je Werkbank ................................ 220,00€
- Erlös je Werkbank .................................................. 650,00€

a) Berechnen Sie die Kosten, den Erlös und den Gewinn je Monat und für den gesamten Auftrag anhand folgender Tabelle (in €):

| Stück | fixe Kosten | variable Kosten | Gesamtkosten | Stückkosten | Erlös | Gewinn |
|---|---|---|---|---|---|---|
| 6 | | | | | | |
| 8 | | | | | | |
| 10 | | | | | | |
| 12 | | | | | | |
| 14 | | | | | | |
| 50 | | | | | | |

b) Nennen Sie Beispiele für die hier anfallenden (monatlichen) fixen Gesamtkosten.

................................................................................................

................................................................................................

(Fortsetzung der Aufgabe auf S. 116)

c) Nennen Sie Beispiele für die hier anfallenden (monatlichen) variablen Stückkosten.

.......................................................................................................................

.......................................................................................................................

d) Zeichnen Sie in das folgende Diagramm die Erlös- und die Kostenkurve für die unterschiedlichen Stückzahlen ein.

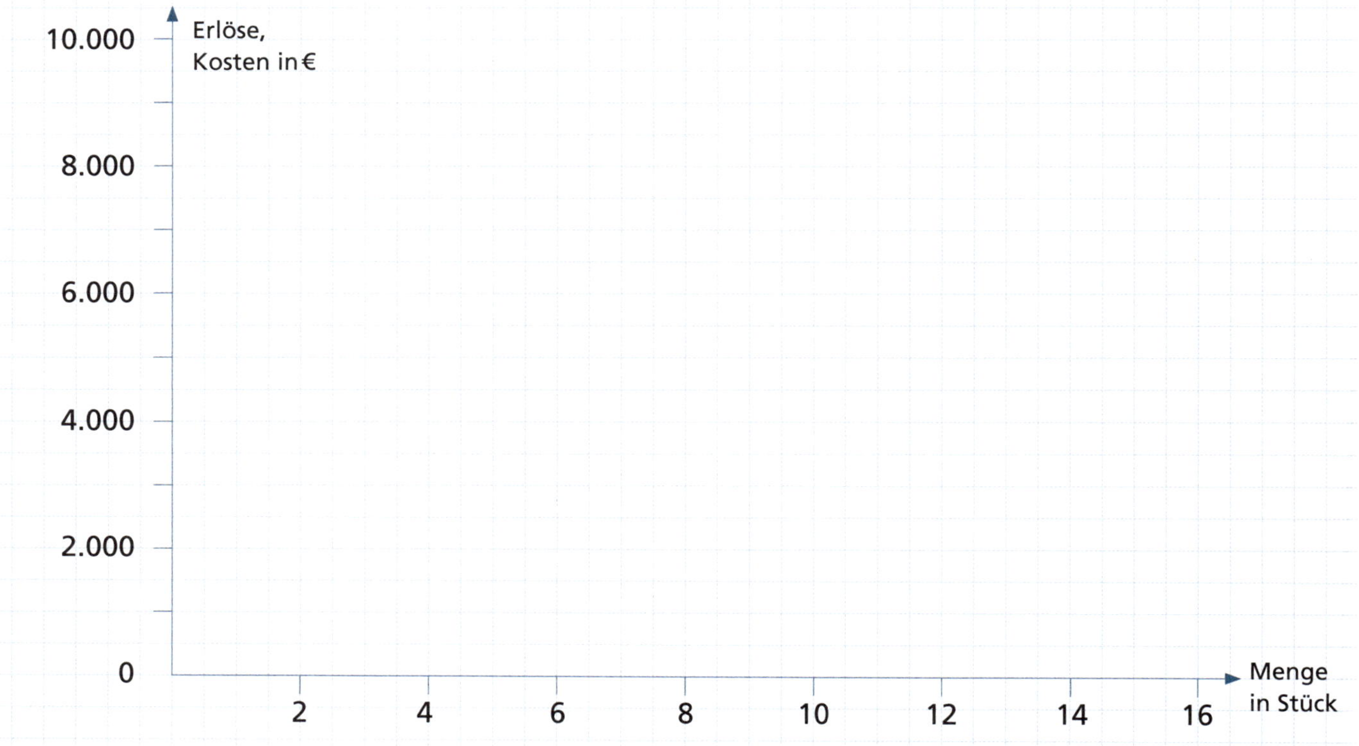


e) Stellen Sie im Diagramm fest, bei welcher produzierten Menge Herr Meninger weder einen Verlust noch einen Gewinn macht (Kosten = Erlöse). [1]

.......................................................................................................................

f) Zeichnen Sie in das Diagramm die Kosten, den Erlös und den Gewinn bei einer Monatsproduktion von 10 Stück ein. [2]

.......................................................................................................................

g) Zeigen Sie, ob sich bei diesem relativ kleinen Auftrag in einem Handwerksbetrieb auch schon das „Gesetz der Massenproduktion" auswirkt.

• Wie lautet das Gesetz der Massenproduktion?

.......................................................................................................................

• Wirkt es sich hier aus?

.......................................................................................................................

.......................................................................................................................

---

Die zeichnerischen Lösungen lassen sich auch rechnerisch bestätigen:

[1] $E = K$ → $p \cdot x = K_f + k_v \cdot x$ → $650 \cdot x = 2.150 + 220 \cdot x$ → $x = 5$

[2] $G = E - K$ → $G = p \cdot x - (K_f + k_v \cdot x)$ → $G = 650 \cdot 10 - (2.150 + 220 \cdot 10)$ → $G = 2.150$

**3** Ordnen Sie durch Ankreuzen die folgenden Materialien der Schreinerei Meninger richtig zu.

| | Rohstoffe | Hilfsstoffe | Betriebsmittel | Fertig-erzeugnisse |
|---|---|---|---|---|
| a) Hobelmaschine | | | | |
| b) Tischlerplatte | | | | |
| c) Lack | | | | |
| d) Hobelbank für Kunden | | | | |
| e) Schraubzwinge | | | | |
| f) Furnier | | | | |
| g) Kleiderschrank | | | | |
| h) Schleifpapier | | | | |
| i) Kappsäge | | | | |
| j) Schnittholz | | | | |

**4** Kreuzen Sie an, um welche Kostenart es sich in der Schreinerei Meninger jeweils handelt.

| | Material-einzelkosten | Material-gemeinkosten | Fertigungs-einzelkosten | Fertigungs-gemeinkosten | Verwaltungs-gemeinkosten | Vertriebs-gemeinkosten |
|---|---|---|---|---|---|---|
| a) Hilfslöhne für Aufräumarbeiten | | | | | | |
| b) Kosten für Nägel und Schrauben | | | | | | |
| c) Kosten für Büromaterial | | | | | | |
| d) Abschreibung auf Kreissäge | | | | | | |
| e) Tischlerplatte | | | | | | |
| f) Kosten für Zeitungsanzeige | | | | | | |
| g) Facharbeiterlöhne | | | | | | |
| h) Stromkosten | | | | | | |
| i) Gehalt einer Sekretärin | | | | | | |
| j) Furnier | | | | | | |

**5** Elektromeister Grimm zeigt Müller ein Angebot über eine Installationstätigkeit im neuen städtischen Kindergarten.

Herr Grimm rechnet mit folgenden Einzelkosten:

| | |
|---|---|
| • Steckdosen, Schalter, Fassungen usw. | 3.500,00 € |
| • Leerrohre, Kabel, Sicherungskasten | 2.850,00 € |
| • 90 Facharbeiterstunden à | 29,00 € |
| • 15 Meisterstunden à | 45,60 € |

Die Zuschläge für die Gemeinkosten betragen:

| | |
|---|---|
| • Materialgemeinkosten | 10 % |
| • Fertigungsgemeinkosten | 215 % |
| • Verwaltungs- und Vertriebsgemeinkosten | 15 % |

a) Kalkulieren Sie den Angebotspreis (einschließlich MwSt.), wenn ein Gewinn von 20 % erzielt werden soll. (Verwenden Sie, wenn möglich, ein Kalkulationsprogramm.)

| | | | |
|---|---|---|---|
| Einzelmaterial | | + | |
| + Materialgemeinkosten | ( ) | + | |
| = Materialkosten | | | = |
| Fertigungslöhne | | + | |
| + Fertigungsgemeinkosten | ( ) | + | |
| = Fertigungskosten | | | = |
| = Herstellkosten | | | = |
| + Verw./Vertr.Gemeinkosten | ( ) | | + |
| = Selbstkosten | | | = |
| + Gewinnzuschlag | ( ) | | + |
| = Nettoangebotspreis | | | = |
| + Mehrwertsteuer | ( ) | | + |
| = Bruttoangebotspreis | | | = |

b) Prüfen Sie, ob Elektromeister Grimm den Auftrag auch annehmen sollte, wenn die Stadt
• nur 26.000,00 €,
• nur 22.000,00 € zahlen könnte. (Rechnerischer Nachweis!)

| | | |
|---|---|---|
| Bruttopreis | 26.000,00 € | 22.000,00 € |

## Marketingkonzept und Zielgruppe

**1** Früher war die Herstellung von Gütern das Hauptproblem eines Unternehmens. Der Verkauf dagegen war gegenüber sehr vielen Kunden mehr ein Verteilen, also kaum ein Problem.
Heute steht der Unternehmer meist im Wettbewerb mit Konkurrenten, die ähnliche Güter anbieten. Das Hauptproblem für ihn ist: Wie finde ich genügend Abnehmer für meine betriebliche Leistung? Marketing ist die Antwort auf die Verschiebung der Gewichte im Markt vom Verkäufer zum Käufer.

a) In diesem Zusammenhang spricht man einerseits von einem Verkäufermarkt, andererseits von einem Käufermarkt. Erklären Sie diese beiden Begriffe:

Verkäufermarkt: ..................................................

..................................................

Käufermarkt: ..................................................

..................................................

b) Was wird heute durch das Marketing anders gemacht?
- Es müssen ganz bewusst Marktveränderungen zur Kenntnis genommen werden.
- Jeder Unternehmer muss sich ganz bewusst mit dem Kunden auseinandersetzen.

Aus diesem Grund lässt sich Marketing folgendermaßen definieren:

Marketing ist ..................................................

..................................................

mit dem Ziel, ..................................................

..................................................

und gleichzeitig ..................................................

**2** Der Markt ist vielschichtig und unübersehbar. Jeder muss deshalb seinen Markt so übersichtlich wie möglich gestalten, d. h. abgrenzbare Kunden- oder **Zielgruppen** bilden. Die Zielgruppe ist ein homogen handelnder Teil des gesamten Marktes. Die Kunden innerhalb dieser Zielgruppe handeln gleich oder sehr ähnlich.

Deshalb hier ein kleiner Test, der auch für Schreiner Meninger wichtig wäre. Welchem Kundentyp würden Sie welchen Stuhl zuordnen?

Lösung:

| Typ | Stuhl |
|---|---|
| 1 | |
| 2 | |
| 3 | |
| 4 | |
| 5 | |

**3** Grundsätzlich können unten stehende vier Zielgruppen festgehalten werden. Beschreiben Sie deren Eigenschaften und beurteilen Sie die Bedeutung der jeweiligen Zielgruppe für ein Unternehmen:

hoch

NETTOERLÖSE

**STAMMKUNDEN**

Beurteilung:

**SONDERBESTELLER**

Beurteilung:

**NIEDRIGPREISKUNDEN**

Beurteilung:

**GEWERBLICHE KUNDEN**

Beurteilung:

niedrig **KOSTEN DER KUNDENBEDIENUNG** hoch

**4** Marketing dient dazu, den unternehmerischen Erfolg zu vergrößern. Dieser Anspruch ist nur möglich, wenn der Kunde zufrieden ist und sich diese Zufriedenheit herumspricht, er somit entweder zum Wiederholungskäufer oder Meinungsführer (Empfehler) wird. So muss jedes Unternehmen für jede Zielgruppe seine **Marketinginstrumente** (Marketing-Mix) individuell auswählen und aufeinander abstimmen.

Zum Schluss muss natürlich eine Kontrolle stattfinden, d. h. der geplante und durchgeführte Einsatz der Marketinginstrumente muss auf deren Wirksamkeit hin überprüft werden. Die Frage innerhalb dieser Prüfung kann nur heißen:

........................................................................................................

Beantworten Sie folgende Fragen und tragen Sie die Antworten in die vorgesehenen Felder des Schaubildes unten ein.

① Welche Aufgabe hat die Marktforschung?
② Welche Aufgabe hat die Marktsegmentierung für den Unternehmer?
③ Welche Marketinginstrumente braucht man für den Marketing-Mix?
④ Wie kann man eine Kontrolle über die Wirkung der eingesetzten Marketinginstrumente (des Marketing-Mix) bekommen?

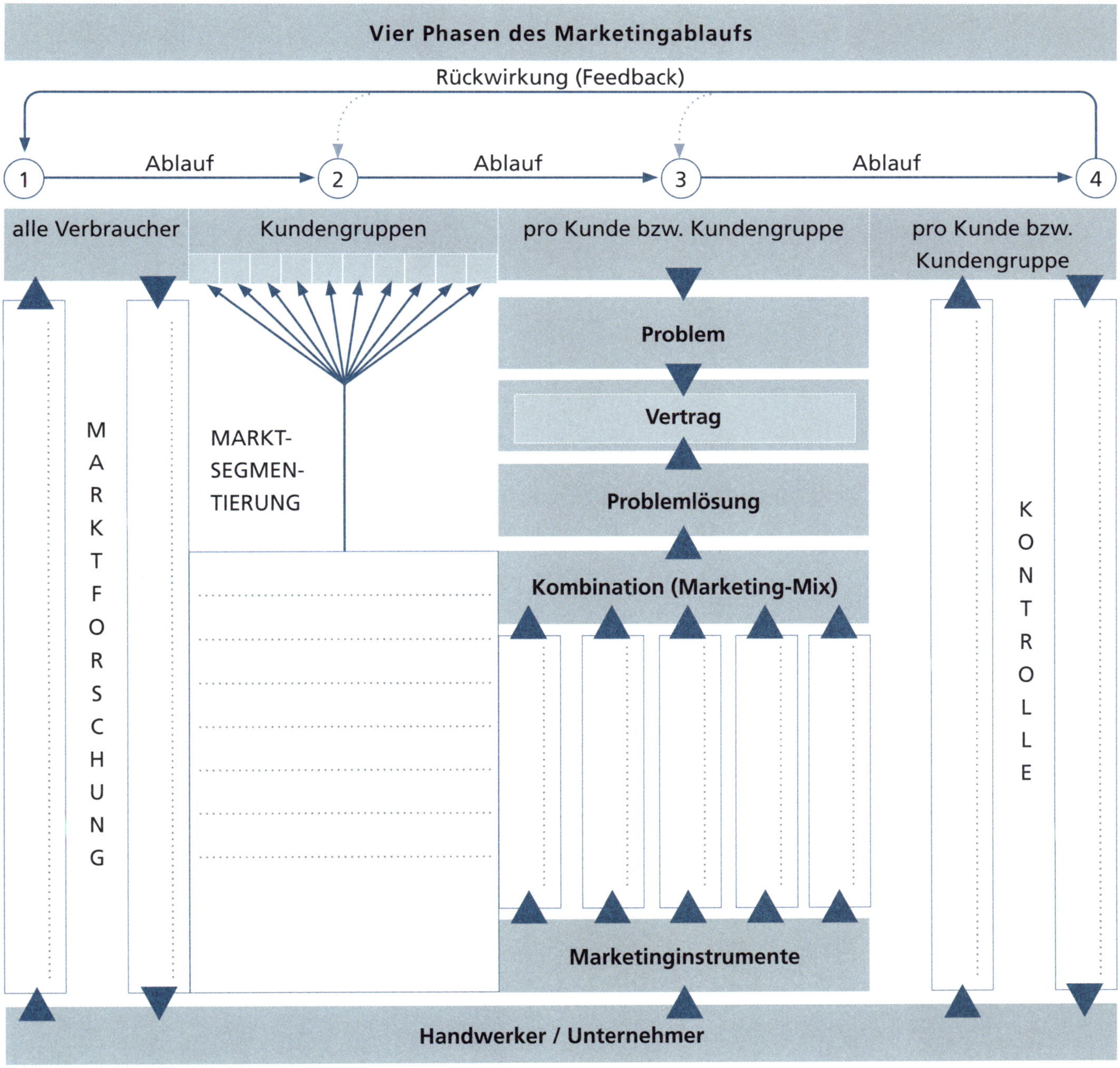

# 14 Unternehmen in der Praxis

## Produkt- und Sortimentspolitik

Jeder Unternehmer muss auf die richtige **Produkt- und Sortimentspolitik** achten. Dazu gehören Aussagen über die Qualität seiner Produkte, die Angebotspalette, den Markennamen und das Image.

a) Eine eindeutige Aussage über die **Qualität** zu machen ist sehr schwierig. Jeder versteht etwas anderes darunter. Acht Qualitätsmerkmale werden in der folgenden Tabelle genannt. Formulieren Sie diese in Form einer Frage und bilden Sie jeweils ein passendes Beispiel (Laugenbrezeln der Bäckerei Müller):

| Qualitätsmerkmal | Frage | Aussage für Bäcker Müller |
|---|---|---|
| 1. Gebrauchs-nutzen | Wofür verwende ich es? | Laugenbrezeln zum Frühstück oder abends für Gäste |
| 2. Ausstattung | | |
| 3. Zuverlässigkeit | | |
| 4. Norm-gerechtigkeit | | |
| 5. Haltbarkeit | | |
| 6. Ästhetik | | |
| 7. Qualitätsimage | | |
| 8. Kundendienst | | |

b) Bei der Änderung der Unternehmensform in eine GmbH hat Bäcker Müller den neuen Namen „Brotladen" gewählt. Warum ist ein klarer **Markenname** so wichtig?

........................................

........................................

........................................

c) Über die Bäckerei Müller haben die Kunden eine Meinung (Ist-Image). Andererseits möchte die Bäckerei Müller in bestimmter Weise von den Kunden gesehen werden (Soll-Image). Beschreiben Sie das **Ist-Image** Ihrer heimatlichen Bäckerei:

........................................

........................................

d) Beschreiben Sie das **Soll-Image,** das die Bäckerei Müller anstreben sollte:

........................................

........................................

........................................

a) Ein Unternehmer muss für jedes Produkt bezogen auf seine Zielgruppe die Preishöhe festlegen. Sein Spielraum für die **Preisgestaltung** liegt zwischen

• der Preisobergrenze: ..........

..........

und

• der Preisuntergrenze: ..........

..........

b) Unterscheiden sich seine Produkte nicht von denen der Konkurrenz, so muss er sich die Frage stellen:

..........

..........

c) In welcher Preissituation befindet sich Bäcker Müller mit seinen Laugenbrezeln?

..........

..........

..........

d) Nennen Sie Hersteller zu den jeweiligen Branchen, die eine besondere Position in ihrem Markt innehaben und deshalb einen höheren Preis verlangen können:

| | |
|---|---|
| Autos | |
| Textil | |
| Haushaltsgeräte | |
| Porzellan | |
| Computer | |

e) Der einmal vom Anbieter festgelegte Preis kann durch die Gewährung von Rabatten wieder verändert werden. Rabatte sind Preisnachlässe, die für bestimmte Leistungen des Abnehmers gewährt werden und mit dem Produkt in einem direkten Zusammenhang stehen.

Erklären Sie folgende Rabattarten:

• Mengenrabatt: ..........

..........

• Personalrabatt: ..........

..........

• Handwerkerrabatt: ..........

..........

• Barzahlungsrabatt (Skonto): ..........

..........

# 14 Unternehmen in der Praxis

## Werbung

**1** Die **Absatzwerbung** gehört neben dem persönlichen Verkauf, der Verkaufsförderung und der Öffentlichkeitsarbeit zum Marketinginstrument Kommunikationspolitik.

a) Was versteht man allgemein unter Werbung?

........................................................................................................................

........................................................................................................................

b) Wofür wird Werbung eingesetzt?

........................................................................................................................

........................................................................................................................

........................................................................................................................

........................................................................................................................

c) Wie wirkt Werbung?

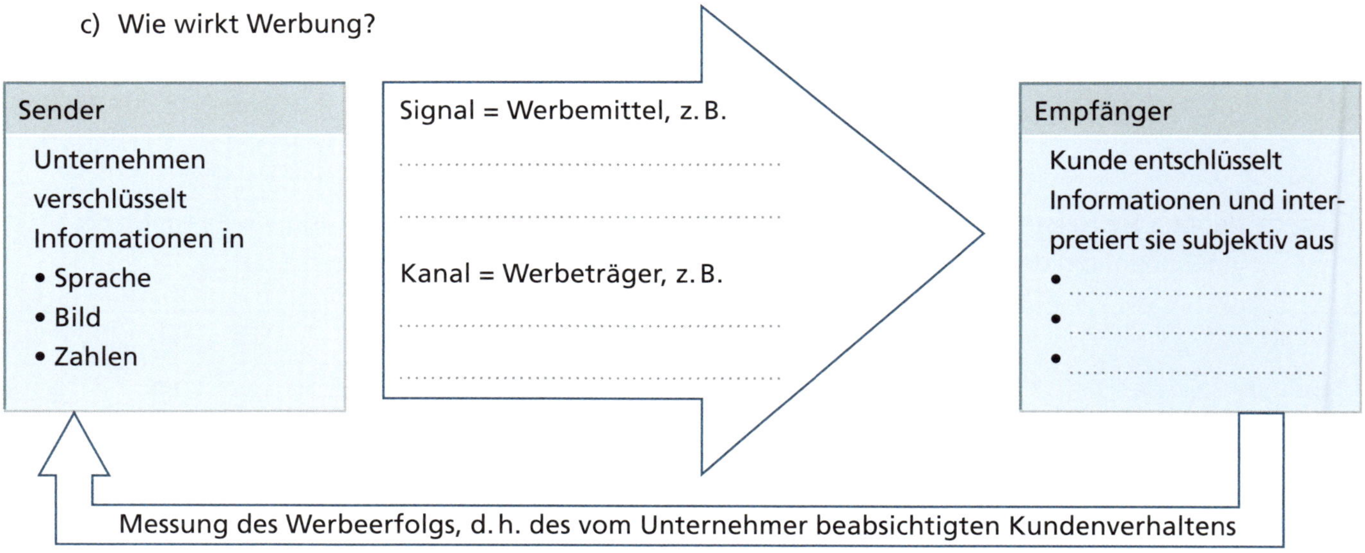


d) Diskutieren Sie in der Klasse die Vor- und Nachteile von Werbung, sowohl für den Unternehmer als auch für den Verbraucher, und notieren Sie sich in der Tabelle einige Stichworte.

| | Vorteile | Nachteile |
|---|---|---|
| für den Unternehmer | | |
| für den Verbraucher | | |

**2** Erarbeiten Sie eine **Werbeplanung** für Bäcker Müller, der in einem anderen Stadtteil eine neue „Brotladen"-Filiale eröffnen möchte.

| | |
|---|---|
| Situationsanalyse | |
| Werbeziele/Werbebotschaft | Ziele: ……<br>Zielgruppe: ……<br>Werbebotschaft: …… |
| Werbebudget | |
| Werbemittel | Werbeträger |
| …… ↔ | …… |
| …… ↔ | …… |
| …… ↔ | …… |
| …… ↔ | …… |
| …… ↔ | …… |
| …… ↔ | …… |
| Werbezeitraum | |
| Werbegebiet | |
| Werbeerfolgskontrolle | |

**3** Besonders wichtig ist die Fahrzeugwerbung. Beurteilen Sie die folgenden Werbeaufdrucke und entscheiden Sie, was falsch und richtig ist.

a) Was ist hier falsch?

........................................................................

b) Was ist hier richtig?

........................................................................

c) Was ist hier falsch?

........................................................................

d) Was ist hier richtig?

........................................................................

Verhandlungen mit dem Kunden sind schwierig. Aus diesem Grunde sollte der Unternehmer versuchen, seinen Kunden vor dem persönlichen Gespräch richtig einzuschätzen.
Machen Sie Vorschläge, wie man auf die folgenden Kundentypen reagieren sollte:

a) Der Vielredner (lässt Gesprächspartner kaum zu Wort kommen – schweift leicht vom Thema ab)
Behandlung:

..............................

..............................

..............................

b) Der Schweiger (einsilbig – verschlossen – höchstens knappe Bemerkungen)
Behandlung:

..............................

..............................

..............................

c) Der Rechthaberische (Besserwisser – auf bestimmte Meinungen fixiert – leicht erregbar – knappes, energisches Auftreten)
Behandlung:

..............................

..............................

..............................

d) Der Ängstliche (schüchtern – zurückhaltend – empfindlich – komplexbeladen – unsicher)
Behandlung:

..............................

..............................

..............................

e) Der Misstrauische (lauernd – zurückhaltend – empfindlich – komplexbeladen – unsicher)
Behandlung:

..............................

..............................

..............................

f) Der Unentschlossene (wankelmütig – macht sich immer wieder durch „wenn" und „aber" unsicher)
Behandlung:

..............................

..............................

..............................

# Unternehmen in der Praxis

## Verkaufsförderung und Öffentlichkeitsarbeit

**1** Unterscheiden Sie zwischen Verkaufsförderung (Sales-Promotion) und Öffentlichkeitsarbeit.

a) Die Verkaufsförderung soll

........................................................................................................................................

b) Die Öffentlichkeitsarbeit soll dagegen

........................................................................................................................................

c) Welche Möglichkeiten hat Bäcker Müller, um auf sich aufmerksam zu machen?

........................................................................................................................................

........................................................................................................................................

........................................................................................................................................

........................................................................................................................................

........................................................................................................................................

**2** Da heutzutage vielen Verbrauchern die Berücksichtigung von Umweltschutz, Nachhaltigkeit und die Übernahme sozialer Verantwortung im Produktionsprozess wichtig sind, dürfen diese Themen auch von den Unternehmen nicht vernachlässigt werden.

a) Was versteht man unter Corporate Social Responsibility (CSR)?

........................................................................................................................................

........................................................................................................................................

........................................................................................................................................

b) Nennen Sie Beispiele, wo CSR zielgerichtet eingesetzt werden kann?

• im Bereich der Ökonomie:

........................................................................................................................................

........................................................................................................................................

........................................................................................................................................

• im Bereich der Ökologie:

........................................................................................................................................

........................................................................................................................................

........................................................................................................................................

• im sozialen Bereich:

........................................................................................................................................

........................................................................................................................................

........................................................................................................................................